三尺律令
——汉塞吏卒的法律生活

"简"述中国　朱建军 ◎ 总主编

甘肃简牍博物馆 ◎ 编

雷倩 ◎ 著

西南交通大学出版社
·成都·

图书在版编目（CIP）数据

三尺律令：汉塞吏卒的法律生活 / 甘肃简牍博物馆编；朱建军总主编；雷倩著. -- 成都：西南交通大学出版社，2025.1. --（"简"述中国）. -- ISBN 978-7-5643-9919-1

Ⅰ. E293.4；K234.07

中国国家版本馆 CIP 数据核字第 2024LN0461 号

"简"述中国　　朱建军　总主编

Sanchi Lüling——Hansai Lizu de Falü shenghuo
三尺律令——汉塞吏卒的法律生活

甘肃简牍博物馆　编
雷　倩　著

策 划 编 辑	黄庆斌　李　欣
责 任 编 辑	李　欣
封 面 设 计	原谋书装　曹天擎
出 版 发 行	西南交通大学出版社
	（四川省成都市金牛区二环路北一段 111 号
	西南交通大学创新大厦 21 楼）
邮 政 编 码	610031
营销部电话	028-87600564　028-87600533
网　　　址	http://www.xnjdcbs.com
印　　　刷	四川玖艺呈现印刷有限公司
成 品 尺 寸	165 mm×230 mm
印　　　张	11.75
字　　　数	157 千
版　　　次	2025 年 1 月第 1 版
印　　　次	2025 年 1 月第 1 次
定　　　价	68.00 元
书　　　号	ISBN 978-7-5643-9919-1

图书如有印装质量问题　本社负责退换
版权所有　盗版必究　举报电话：028-87600562

中国历史研究院"绝学"学科扶持计划资助
（批准号 2024JXZ005）

总　序
"简"述中国

简牍是纸张发明前中国古人最重要的文字书写载体。中国古人将竹木削成薄片，研墨笔书，如《尚书·多士》载"惟殷先人，有册有典"，可见早在商朝时期，古人除了以甲骨契刻文字外，还将竹木简牍编联成册，记载国家政令典章。《墨子·兼爱》载"书于竹帛，镂于金石，琢于盘盂，传遗后世子孙者知之"，说的就是古人通过书写竹木简牍，刻琢金石盘盂，把他们那个时代的思想文化保存下来，留传后世。

在中国古代先后有两次比较重要的简牍发现，一是西汉时的孔壁中书，二是西晋时的汲冢竹书，人们将其称为"孔壁汲冢"。这两次出土以先秦时的典籍为主，这些古文典籍的发现对中国古代学术史产生过重大影响。据不完全统计，自20世纪初迄今，在百余年的时间里全国各地历年历次出土的简牍约30万枚，包括楚简、秦简、汉简、三国吴简、晋简等，其时代涵盖了先秦战国至汉晋。简牍记载的内容从大的方面而言，主要包括文书和典籍两大类。文书类包括各种体裁和形制的官私文书，属于实用文体；典籍类则包括各种思想文化的作品，属于艺文典籍。这一时期是中国古代思想文化、政治制度形成时期，同时也是社会经济、民族交融等发展的重要时期，因这些政令文书和艺文典籍文献主要记载于竹木简牍之上，故我们称这一时期为"简牍时代"。

甘肃是近世以来最早发现汉简的地区，自1907年英籍匈牙利人探险家A.斯坦因（A. Stein）第二次中亚探险期间在敦煌汉长城烽燧遗址掘获700多枚汉简（不包括2000多件残片）以来，至1990—1992年敦煌悬泉汉简的发现，历年历次在汉代敦煌、张掖和酒泉郡的长城烽燧遗址和悬泉置遗址出土了数万枚简牍，这其中汉简占绝大部分。甘肃简牍博物馆收藏有近4万枚秦汉魏晋简牍，本丛书中统称为"甘肃简牍"或"甘肃汉简"。

与南方墓葬出土的以先秦典籍为主的简牍不同，甘肃汉简内容丰富，以日常书写的方式，多角度体现了汉塞边关吏卒们的政令文书、屯戍生活、书信往来、天文历法、农事生产、交通保障等。这些不曾为史书记载的历史细节，真实地重现了汉代河西边塞的社会生活和民风民俗，丰富了古丝绸之路的物质文化和精神文化。

甘肃简牍博物馆是以简牍为主要藏品的专题博物馆，这要求馆里的每一位员工都要熟悉馆藏的近4万枚简牍，以便更好从事各自岗位上的工作。讲好简牍故事，让文物活起来，是我们义不容辞的责任和使命。数万枚甘肃简牍是不可多得的出土文献，它们的历史价值和文献价值自不待言，在学者们整理研究的基础上讲述简牍故事，弘扬简牍文化，是甘肃简牍博物馆在新时期的重要课题，也是甘肃简牍博物馆所应承担的使命和工作。讲好简牍故事，传播中国声音，"'简'述中国"丛书就是我们的一个尝试和努力。

甘肃简牍博物馆　朱建军

前　言

据《史记·酷吏列传》载，汉武帝时期有人指责杜周不依法办案，说"君为天子决平，不循三尺法，专以人主意指为狱。狱者固如是乎？""三尺法"自此成为律法的代称。那么，何以称之为"三尺"？其实这里的"三尺"，是指竹简的长度。宋代学者王应麟对竹简的确切长度，做了精细的考证。其在考据笔记《困学纪闻》中说，书写法律的竹简实际上长二尺四寸，人们取其概数，说成"三尺"，后世承袭，一直沿用。

"不知秦汉，无论魏晋。"秦汉之世的文明创造和文明积累，在中国古代史上闪耀着独特的光芒。今人研究汉律，无不始自"三章之法"。秦汉时期的政治结构、行政模式、司法制度和社会治理等，对历史时期思想文化的形成和历史演进的方向，均产生了深远的影响。

据《汉书·刑法志》记述，"三章之法不足以御奸，于是相国萧何捃摭秦法，取其宜于时者，作律九章"。至此，《九章律》成为汉王朝治理社会的基本大法，两汉 400 多年间，一直有效运行。《明史·刑罚志》载："历代之律，皆以汉九章为宗"，《九章律》被后世誉为"律令之宗"，不仅成为制律之蓝本，亦成为汉律的代称，足见其影响之大。唐律作为学界公认的完备律典，巅峰地位毋庸置疑。但回望历史，若将坐标定位于秦汉法律，便可发现《九章律》对唐律乃至中华法系的影响是深远持久的。正如沈家本所言："历代之律存于今者，唯唐律"，而"唐律之承用汉律者，不胜枚举"。

秦汉之世，作为中国历史上大一统中央集权制度的确定时期，不仅终结了自春秋战国以来数百年的战乱动荡，更奠定了其后 2000 余年中国社会的政治制度、思想文化。以律典为例,秦汉律令典章高度发达,《汉书·刑法志》用"文书盈于几阁,典者不能遍睹"来描述汉代律令的繁富。但由于《汉律》久亡,如今只能借由《汉书》《晋书》等史书中的引述窥得一二。地不爱宝,20世纪七八十年代,云梦睡虎地秦简、肩水金关汉简、居延汉简、张家山汉简等,大量秦汉简牍的出土,弥补了史书记录的不足,为复原中华法系的早期面貌提供了依据,也反驳了日本学者关于中国秦汉时期没有系统律法的观点,更为秦至汉初律典的复原提供了可能。

进入21世纪,有关汉律考古新资料的成批出现,为汉代法律研究注入了源源不断的新活力,所见律名的种类远远超出此前所知的范围。2002年里耶秦简出土,作为秦朝洞庭郡迁陵县的衙门档案,大量填补了《史记》《汉书》中有关秦朝历史的空白。2013年益阳兔子山7号井出土惠帝时期的木牍,律目有"狱律十七章"和"旁律廿七章"。2018年荆州胡家草场12号汉墓出土简牍4642枚,其中有律令3000余枚,主要包括律典和令典,是目前出土汉律种类和数量最多的一次,也是最完整的西汉律典范本。其中,外乐律、蛮夷诸律为首次发现。100多年来,从西北大漠边关的新疆、内蒙古、甘肃,到长江流域的湖北、湖南等地,大量的汉代简牍被发现、被发掘、被研究。这些"貌不惊人"的竹木碎片,不仅真实、生动地记载了历史的样貌,也为我们能够更直观、更准确地看待历史故事提供了更多的依据。

为使后人得见汉律的大概面貌,清人薛允升著有《汉律辑存》《汉律决事比》,沈家本有《历代刑法考》《汉律摭遗》,程书德著的《九朝律考》中有《汉律考》专篇。诸位先贤,呕心沥血,摭拾遗编,为我们勾勒了汉代律令的大致面貌。不同于睡虎地秦简、岳麓秦简、张家山汉简等简牍中记录的较完整的律令资料,甘肃汉简中存有大量律令散简。比如Ⅰ90DXT0112①:1简所记:"·囚律:劾人不审为失,以其赎半论之。"该简以"·囚律"为标题,应属汉代"囚律"的文字无误。正是根据此简,李均明与徐世虹二位先生主张《二年律令·具律》中"劾人不审，为失；其轻罪也而故以重罪劾之，为不直"，应从《具律》中分出，即简112应属汉《囚律》的条款。陈伟先生曾言："敦煌汉简、居延汉简散见残律条，透露古律再现的曙光。"这也是辑录、研究甘肃汉简的意义所在。

甘肃作为简牍大省，截至2020年年底共有8万余枚简牍出土，其中以汉简为最。甘肃汉简的出土，为研究两汉的法律制度、律令条文和法律思想提供了具体内容和典型案例。比如萧何九章律之贼、盗、囚、捕、杂、具、户、兴、厩诸篇，几乎都可在简牍找到相关条文。这也正是本书上编所要介绍的内容。本书下编所要介绍的内容，则是汉塞的司法活动。在甘肃出土的简牍中含有大量完整的诉讼卷宗，为研究汉代的诉讼程序和法律制度提供了原始、生动的材料。如著名的《寇恩册》，就是其中之一。该册共由36枚简牍组成，全文1526字，是东汉建武初年甲渠候官粟君和客民寇恩发生的一宗经济纠纷的案卷材料。其内容包括四个部分：一是建武三年（27年）十二月癸丑朔乙卯（初三日），都乡啬夫宫根据居延县转来甲渠候官的文书，对被告寇恩进行传讯的口供笔录，即"乙卯爰书"；二是十二月戊辰（十六日）的另一份爰书，除日期不同外其他内容与前大致相同；三是十二月辛未（十九日）都乡啬夫就此案验问情况给县廷的报告；四是十二月己卯（二十七日）居延县廷对案子的判词。如此完整的司法文书，对研究汉代法律制度具有极其重要的价值。另外，通过各类"爰书"亦能窥见汉代行政文书的点滴。目前简牍文献发现日多，由于甘肃汉简中的律令遗篇较为零散，如何梳理它们与传统史籍、其他汉简的关联；如何看待秦汉时期法律制度，成为当前简牍学界关注的课题。汉代国祚长久，与民休息，一度兴盛，与其司法制度不无关系。像汉世的"保辜"之制，透露出古代法律的人文情怀；"录囚与乞鞫"能够"平反冤错，疏决淹狱"，缓和社会矛盾，彰显着古代慎刑思想的光辉。

不同于传世文献的宏大叙事，汉塞简牍记录的是名不见经传的小人物的工作、生活日常，其所透露的人间百态，为传世文献鲜见。现在，我们经由木简中暗藏的历史密码，追寻千年前汉朝边疆屯戍吏卒们的印迹，回看汉王朝的边塞社会和吏卒们的守备日常、法律生活，跨越时空对话古人。

最后，本书稿为"'简'述中国"丛书之一，承蒙甘肃简牍博物馆朱建军馆长、肖从礼主任不弃，予以刊行，才有缘与大家见面。

行文两年余，其间遇有诸多困惑不明，甘肃省文物考古研究所研究馆员张俊民先生、西北师范大学李迎春老师、甘肃简牍博物馆整理研究部主任肖从礼老师以及各位师友给予我颇多鼓励、指教，西南交大出版社的李欣老师为本书的出版倾注了大量心血，在此对帮助过我的各位师友表达深深的谢意！

雷　倩

2023年10月

目 录

第一章　贼律
002　　第一节　居延谋反案
010　　第二节　欺谩不敬
015　　第三节　贼燔人舍
019　　第四节　杀人无忌

第二章　盗律
026　　第一节　盗赃何论
032　　第二节　受赇枉法
036　　第三节　监守自盗
040　　第四节　群盗为患

第三章　囚律、捕律、亡律
048　　第一节　囚　律
052　　第二节　捕　律
055　　第三节　亡　律

第四章　杂律、具律
062　　第一节　杂　律
068　　第二节　具　律

第五章　户律、兴律、厩律

074　第一节　户　律
079　第二节　兴　律
082　第三节　厩　律

第六章　它如爰书——来自汉塞的公证文书

088　第一节　殴杀爰书
092　第二节　疾病爰书
103　第三节　自证爰书

第七章　一朝之忿——边塞吏民的殴詈与凶杀

110　第一节　官吏因公斗殴案
124　第二节　官吏因私殴詈案

第八章　遁地无门——河西汉塞的通缉与捕亡

134　第一节　汉塞通缉令
142　第二节　汉塞逃亡人

第九章　保辜制度——古代法律的人文关怀

148　第一节　汉代的保辜制度
153　第二节　汉塞保辜制度的司法实践

第十章　录囚与乞鞫——平冤狱纠错案

158　第一节　刺史录囚忙
162　第二节　乞鞫路漫长

166　图片来源

169　参考文献

176　后　记

第一章 贼律

第一节　居延谋反案

文物简介

1974年出土于破城子探方五十九。木简一枚（出土编号EPT59：551），该简字迹漫漶、残泐，长12.5厘米，宽1.5厘米，厚0.3厘米。两行书写。该简为某请诏，记录了一起发生在居延地区的谋反暴乱事件，臣下奏请皇帝制诏并天下施行。这反映了汉代边疆地区社会治理的复杂、严峻。现藏甘肃简牍博物馆。

简牍释文

等以县官事，公白昼攻牢狱，入杀故县长，断头投人众中，所☐

败俗伤化，渐不可长。当以时伏诛如恽言。罪可诛，臣请☐

☐

阅牍延伸

《晋书·刑法志》中记载："悝撰次诸国法，著《法经》。以为王者之政，莫急于盗贼，故其律始于《盗》《贼》。"所以，古时法典的篇章次第必以"盗"律为首。贼律，在《九章律》

图 1-1　居延谋反案

列次第二，出土《二年律令》中贼律却属第一，或许是因为《二年律令》认为"贼"多为逆乱反叛、毁仁坏法、贼杀伪欺之类，是为大罪。《唐律疏议·贼盗》则认为："贼盗律者，魏文侯时，李悝首制法经，有盗法、贼法，以为法之篇目。自秦汉逮至后魏，皆名贼律、盗律。北齐合为贼盗律。后周为劫盗律，复有贼叛律。隋开皇合为贼盗律，至今不改。"

一、"以时伏诛"的含义

"以时"指合于时令、时机，不失其时之意。如《孟子·梁惠王上》有言："斧斤以时入山林，材木不可胜用也。"又，张衡《东京赋》载："取之以道，用之以时。"

"伏诛"语出《战国策·秦策三》"臣非有所畏而不敢言也，知今日言之于前，而明日伏诛于后，然臣弗敢畏也"，其中"诛"为死刑之意。《史记·田叔列传》中记载了汉景帝让田叔核查梁孝王派人暗杀袁盎一事，田叔在回朝报告时说："今梁王不伏诛，是汉法不行也；如其伏法，而太后食不甘味，卧不安席，此忧在陛下也。"这里的"伏诛"与"伏法"意思相近，都是被捕之后接受死刑之意。又，《史记·淮南衡山列传》记载："淮南王安甚大逆无道，谋反明白，当伏诛。"此外，《汉书·武帝纪》载"泰山、琅邪群盗徐勃等阻山攻城"，最后将"刺史郡守以下皆伏诛"；《汉书·昭帝纪》亦载："齐孝王孙刘泽谋反，欲杀青州刺史隽不疑，发觉，皆伏诛。"由上述史料记载可知，对于群盗攻城、谋反这类重罪，一般的处理结果为"诛杀"。

本书所举木简记录的就是一起居延某地区的谋反暴乱事件：（罪犯）白天攻入牢狱，杀死县长，将其头颅扔进众人之中。因此，臣下奏言，这种行为实在是败坏社会风气和道德教化，断不可助长，请求立即诛杀反叛者。所以，当"以时伏诛"者，应该是针对谋反、大逆、群盗杀人等重大恶性犯罪。

从简文可知，这起反叛事件恶劣，当"以时伏诛"，具体原因有二：

一是"公白昼攻牢狱"。"白昼"是指光天化日之下的罪行,"公白昼攻牢狱",意即公然在白昼、白天攻入大牢,从中可看出传统文化、传统法律思维对于犯罪行为恶劣程度的评判标准之一,即白日行凶。据《汉书·贾谊传》的记载:"盗者剟寝户之帘,搴两庙之器,白昼大都之中剽吏而夺之金。"① 可知,早在汉朝初期,已经把白天在都城中抢劫官吏的行为称为"白昼抢夺",并且把白天行凶作为没有道义的判断标准。

二是"入杀故县长,断头投人众中"。这种行为实在残忍至极、令人发指,通常官府会将这类行为认定为谋反。根据《史记·李斯列传》和《二年律令》的记载,秦汉时期对于谋反罪行采取了极其严厉的惩罚措施,包括"弃市""腰斩"和"夷三族"。具体来说,如果老百姓杀害了官吏,不仅犯罪者本人会受到极刑,如弃市或者腰斩,而且其家族成员也可能受到牵连,被处以相应的刑罚。从西周的德礼思潮起,中国传统思想文化的核心,可以说都是关乎宗法人伦问题的讨论和思考的。人伦秩序不仅是天地秩序的体现,也是社会秩序的根源,更是国家秩序的基础。此简中的行为不仅是对"故县长"人身的侵害,更是对当地社会风气、治理秩序的侵害。

随着汉代儒学的兴盛和日益官学化,汉律在儒家化的过程中形成"经义决狱""秋冬行刑"的制度,但对于某类重刑犯,依然沿用"以时伏诛"的态度,不过是以"决不待时"替换之,意即不待秋后而是立即执行,以示重惩。据《后汉书·章帝纪》载,汉章帝元和二年(85年)下诏:"王者生杀,宜顺时气。其定律,无以十一月、十二月报囚",但谋反大逆等"决不待时"者除外。后世承袭了这一制度,对于一般罪犯坚持"秋后问斩",恶性极大的犯罪则仍"决不待时"。比如:《资治通鉴》载"罪在十恶尤为巨蠹者,则决不待时";《明史·刑法志》载"强盗肆行劫

---

① [汉]班固撰:《汉书》,中华书局,第1959页。

杀，按赃拟辟，决不待时"；《大清律例》载"十恶之罪应死及强盗者，决不待时"。

明清律文都注明了死刑为立决还是监候，我国现行刑法将死刑分为死刑立即执行和死刑缓期二年执行（死缓），这是法益保护与慎刑矜恤之间达成平衡的结果，也足见对重刑犯人"以时伏诛"影响深远。

二、汉律中的"谋反"

谋反叛乱，关乎政权更迭、国家稳定和政府治理，为政者历来对其严惩不贷、竭力镇压。据清人沈家本的研究，"谋反大逆"本自《法经》中《贼律》条，李悝作《法经》，认为"王者之政，莫急于盗贼"。汉律《贼律》篇首为谋反罪，唐律亦把谋反罪置于《贼盗律》之首。虽然贼律包含内容甚广，而且"谋反"罪的内容，自汉而后，多有变迁，但"谋反为贼事之最重大者"，却为历代统治者所认可。

张家山汉简《二年律令》关于谋反罪的规定，见于简1、简2的律文中："以城邑亭障反，降诸侯，及守乘城亭障，诸侯人来攻盗，不坚守而弃去之若降之，及谋反者，皆要（腰）斩。其父母、妻子、同产，无少长皆弃市。其坐谋反者，能偏（遍）捕，若先告吏，皆除坐者罪。"[①] 从中可以看出，依汉律，一旦触犯谋反罪，其父母、妻子、同产，无少长皆弃市，这一处罚结果应该是汉律中最重的。根据简文，汉律中谋反罪所涵盖的四种罪行分别是："以城邑亭障反""降诸侯""弃城不守""谋反"。

第一，以城邑亭障为据点反叛。

城，《说文解字》云："城，以盛民也。"《后汉书·光武纪下》"筑亭候，修烽燧"注："亭候，伺候望敌之所。"许道胜认为，城邑，即城和邑，泛指城镇。在律文中，"城邑"和"亭障"的地位很重要，但两者的侧重点似有不同。简言之，城、邑偏多位于内地；亭、障多位于边塞。

---

① 彭浩、陈伟、[日]工藤元男主编：《二年律令与奏谳书——张家山二四七号汉墓出土法律文献释读》，上海古籍出版社，2007年，第144页。本文所引《二年律令》的材料皆出自该书，为避繁复，不一一出注，只注简号。

亭障亦作"亭鄣",如《大宛列传》"酒泉列亭鄣至玉门矣",又《匈奴列传》"匈奴大入定襄、云中,杀略数千人,败数二千石而去,行破坏光禄所筑城列亭鄣"。根据《汉书·武帝纪》载:太初三年秋,匈奴入定襄、云中,"行坏光禄诸亭障",颜师古曰"汉制,每塞要处别筑为城,置人镇守,谓之候城,此即障也",即亭障为汉代要塞驻军处所。

由此可见,"以城邑亭障反"针对的对象大概是戍守在"城邑亭障"的官吏和戍卒。"城邑亭障"中的亭障设在边塞,所以汉律谋反罪惩治的第一种情形,便是以城邑亭障为据点的反叛情形。

第二,投降诸侯(匈奴)者。①

汉匈之间的冲突由来已久,从战国到东汉,北方的匈奴一直是中原王朝的头号强敌和心头大患。据《汉书·武帝纪》记载,仅太初三年(前102年)秋匈奴侵入定襄、云中,就杀略数千人,破坏光禄诸多亭障守卫处所。又如《居延汉简释文合校》中记载:"各持下吏为羌人所杀者,赐葬钱三万;其印绶吏五万,又上子一人名尚书。卒长□奴婢二千,赐伤者各半之,皆以郡见钱给,长吏临致,以安百姓也。早取以见钱□。"除此之外,西北出土的大量日迹简,也记录了匈奴对汉塞各部的突袭和侵扰。

西汉王朝经过元光二年(前133年)、元朔二年(前127年)、元狩二年(前121年)三次对匈奴的作战,基本解除了匈奴对汉王朝北部边境的威胁。据《汉书·武帝纪》:"元狩二年,浑邪王降,以其地为武威、酒泉郡;元鼎六年,分置张掖、敦煌郡。"这就是历史上著名的"河西四郡"。汉王朝派遣了大量屯戍吏卒,以加强边境防御力量。从传世文献可知,戍卒主要由两部分人构成:一是良人子弟;二是罪犯、刑徒,多记为"复作"。他们的主要职责是戍边和屯垦。根据具体工作

---

① 曹旅宁先生在《说张家山汉简〈贼律〉中的"诸侯"》中指出,他曾认为此汉律当承袭秦律,指战国时期的山东六国诸侯,后来重新研究,认为应指汉初时期的"匈奴""南越"。参见其著《张家山汉律研究》,北京:中华书局,2005年,第13-26页。

的不同，他们的名称亦有不同。如：戍卒，主管烽燧守望；田卒，负责治田；河渠卒，负责屯田水利；障卒，主要守备障塞；望城卒，负责守备城垣；等等。总体而言，戍边吏卒的主要军事任务便是守望亭隧、缮制障塞。

其实，戍卒守望亭隧之职，并不仅限于观察敌情，防备匈奴入侵，还有一点不得不提及，那就是防止中原或者汉塞边地的居民偷越边塞，逃亡到匈奴，充实敌军力量。如《二年律令·津关令》规定："越塞阑关，论未有□，请阑出入塞之津关，黥为城旦舂；越塞，斩左止（趾）为城旦"。对于中原升斗小民尚且如此，何况是军令在身的将军呢？据《汉书》记载，李陵在投降匈奴一年后，汉武帝听闻李陵为匈奴练兵，怒而杀其母亲妻儿。如今，我们暂且不论汉武帝杀李陵全家是否属于滥杀无辜，至少依照张家山汉墓出土的汉简，李陵全家被杀，汉武帝是按律办事。

第三，诸侯（匈奴）来攻，不坚守逃亡或投降者。

汉律"守乘城亭障"中的"乘"，义同颜师古注《汉书·高帝纪》"坚守乘城"条："乘，登也，谓上城而守也。""若降之"中的"若"，义同颜师古注《汉书·惠帝纪》"民年七十以上若不满十岁有罪当刑者条"："若，预及之言也。"根据简文，诸侯（匈奴）来攻击、抢夺时，负有守备职责的戍卒如果不坚守，逃亡或者投降的，与反叛同罪，即弃守如同降敌者或投降者，本人腰斩，其父母、妻子、同产无论少长皆弃市。

从《汉书·韩安国传》颜师古注引如淳曰"军法，行而逗留畏懦者要（腰）斩"，可知汉代军法之严明。如元朔六年（前123年）四月，朝廷命卫青从定襄出兵再次攻打匈奴，翕侯赵信为前将军，卫尉苏建任右将军。两人的军队合为一军，共3000余人。结果，右将军苏建与前将军赵信的部队和汉军主力脱节，遭遇单于大军，双方大战一日，汉军伤亡惨重。赵信原是匈奴人，降汉后受封翕侯，如今看到军情危急，加上匈奴诱降，便带着剩余的近800骑兵，转而投降匈奴单于。苏建则全军覆没，只身一人逃回。班固《汉书·李广苏建传》中记载苏建"依军法当斩"，不过，汉武帝终念其毕竟杀敌有大功，让苏建赎为庶人。其后，又担任代郡太守，最终死于任上，死后葬于大犹乡。

此外，《敦煌汉简》有"·捕律亡入匈奴外蛮夷守弃亭鄣烽燧者不坚守降之及从塞徼外来降而贼杀之皆腰斩妻子耐为司寇作如"的记载。[①]《唐律疏议·擅兴律》"主将守城弃去"条："诸主将守城，为贼所攻，不固守而弃去及守备不设，为贼所掩覆者，斩。"可以说，这是统治者对国家安全、政权稳定观念的一以贯之，也是唐承汉律的明证。

第四，谋反者。

《汉书》载谋反、降匈奴、发兵叛乱、巫祝诅咒皇帝等，皆为大逆不道之行，予以腰斩，家属连坐。清人沈家本认为：汉代的不道概念不固定，大逆不道属于不道中最重者。日本学者大庭脩赞同沈家本的观点，亦认为大逆不道是不道中最重大者，即谋反行为，包括取代天子或加害天子身体的企图及行为等。[②]汉代对大逆不道的处罚，据《晋书·刑法志》记载："（魏律）改贼律，但以言语及犯宗庙园陵，谓之大逆无道，要（腰）斩。家属从坐，不及祖父母、孙。"就谋反者而言，处罚当也如此。

"谋反"一词，出自《墨子·号令》："诸吏卒民，有谋杀伤其将长者，与谋反同罪。"张斐《注律表》云："二人对议谓之谋。"所谓"谋反"，即二人以上蓄意反叛，这对于中央集权的封建制国家是决不能容忍的，甚至古来老百姓僭用与皇帝相同相似的衣服用品，都以谋反论处。

纵观史书，从汉初"七国之乱"至淮南王刘安谋反，记录汉代谋反叛乱者不在少数。《汉书·王莽传》中，孙建在奏折中描述的便是王莽始建国二年（10年）九月辛巳日，陈良等人杀刀护的情况，即"陈良终

[①] 甘肃省文物考古研究所编：《敦煌汉简》（上），北京：中华书局，1991年，第256-257页。

[②] [日]大庭脩著，林剑鸣等译：《秦汉法制史研究》，上海：上海人民出版社，1991年，第112页。

带叛亡案"。案件中，陈良、终带杀害校尉刁护，劫略吏士，率众逃亡到匈奴地区。此举对于王莽政权而言，确属谋叛无疑。所以，立国将军孙建上奏，将陈良等人的亲属以连坐罪处死。天凤元年（14年），王莽派遣王歙等出使匈奴，赏赐黄金、衣被、缯帛，购求陈良、终带等人。单于将陈良等27人，加上刑具后，交付使者。回到长安后，王莽下令将陈良等人处以焚刑，燔烧致死。

自古"胜者王侯败者贼"，起义谋反的军队无论是否师出有名，对于封建政权的统治者来说，必定视其为乱臣贼子，要严厉镇压。《贼律》将谋反重罪置于首条，也表明汉王朝在政权建立后，对国家安全和皇权统治的重视。

第二节　欺谩不敬

文物简介

1974年出土于破城子房屋二十二。木简一枚（出土编号EPF22：416），该简上残，长9.8厘米，宽1厘米，厚0.2厘米。该简字迹清晰、书写规整，从简文内容看，当属汉代法律疏议之类。现藏甘肃简牍博物馆。

简牍释文

☒☒言不敬，谩，非大不敬。在第三卷五十。

阅牍延伸

一、"不敬"与"大不敬"的含义

通过爬梳古代文献资料可知，"不敬"一词在古时具有两层含义。

一是日常用语中表示不恭敬、不敬重、不合礼仪之意。例如此简中的"言不敬"，就指出言不恭敬。谩，《说文解字》中注解为"欺也"。非，则是诽的通假字，意即谩诽、腹诽，读作诽。正如此简所记，出言不敬、欺谩诽谤的行为是

图 1-2　汉贼律"大不敬"条疏议

大不敬。此外,《左传·成公十三年》记载了这么一则事例:十三年春,晋厉公派遣郤锜来鲁国请求派兵援助,但在如此重要的场合,郤锜却态度不敬、处事无礼。鲁国的孟献子(世称仲孙蔑)看到郤锜如此不恭敬的样子后,对身边的人说:"郤氏其亡乎!礼,身之干也。敬,身之基也。"孟献子将礼仪比作人的躯干,将恭敬比作人的根基。如《孟子·尽心上》中认为"爱而不敬,兽畜之也"。由此可见,我国古人非常重视个人在日常生活中的言论、行为是否合乎礼仪、礼制的规范。

二是法律层面的含义,即罪名。在汉代,不敬罪、大不敬罪都已经产生,但因其与不道罪有许多相似特质,所以汉律中不敬、大不敬和不道罪的界限并不明晰。《居延新简》中"不敬""大不敬",应为罪名。对"谩非(诽)"的行为,张斐《注律表》释为"违忠欺上谓之谩",即欺谩诽谤皇帝的行为,当处以"大不敬罪";《二年律令》中规定"诸上书及有言也而谩,完为城旦舂"。可知,汉律将此种行为已明确列入法律条文,只是未定义为"大不敬"。至东汉,法律对这三个罪名才有了明确的界定。如长沙尚德街东汉简牍中记载:"奸人母子旁,不道;上书言变事不如式,为不敬;对悍使者,无人臣礼,大不敬。"

我国自古以礼治邦,所以"敬"与礼的关系十分密切。张斐《律注表》对"不敬"的注解为:"亏礼废节,谓之不敬。"由此观之,在法律术语的语境下,"不敬""大不敬"的含义基本相同,都指"不敬""大不敬"罪或是触犯"不敬""大不敬"罪的行为,而这类行为的特点便是"亏礼废节",即不合礼制,不遵仪节。比如《汉书·灌夫传》中武安侯田蚡举劾灌夫的言辞便为"骂坐不敬",并据此要求"捕灌氏支属";《史记·张丞相列传》中申屠嘉以邓通不遵守朝廷之礼,斥责"通小臣,戏殿上,大不敬,当斩"。据此,我们可推知大不敬当处以斩刑,但不能判断此处所说的"斩"是指腰斩还是指斩首。汉代"不敬""大不敬"罪涉及的几类情况都与违礼有关,从中可看出汉代引礼入律、法制儒家化的渐进过程。

二、"大不敬"与"十恶不赦"

"十恶不赦"的说法,在我国民间流传甚广。顾名思义,指犯了"十恶"者,不得"赦免"。我们常用其指代犯有重大的罪行或形容罪无可恕、罪大恶极之人。这种观念的形成,其实源于我国法律史的重要制度之一,即"十恶不赦"之制。

其实隋唐至明清时期封建法典中的"十恶",始于北齐律之"重罪十条"。通过把危及封建国家根本利益、亏损纲常名教的十条严重罪行,置于律首,强调这十种犯罪是国家重点打击对象。这十条重罪依次为反逆、大逆、叛、降、恶逆、不道、不敬、不孝、不义、内乱。同时确定,这十条重罪不在"八议"①论赎之列。也就是说,触犯这十条重罪,不得以任何方式减轻或赦免刑罚。

法典中"十恶"之罪名正式出现,是在隋《开皇律》中。据《隋书·刑法志》记载,开皇元年,"更定新律,又置十恶之条,多采后齐之制,而颇有损益。一曰谋反,二曰谋大逆,三曰谋叛,四曰恶逆,五曰不道,六曰大不敬,七曰不孝,八曰不睦,九曰不义,十曰内乱。犯十恶及故杀人狱成者,虽会赦犹除名"。至此,"十恶不赦"制度正式确立,那么《开皇律》为何不沿袭《北齐律》"重罪十条"的名称而突然改称"十恶之条"呢?仔细探源我们发现,在中国古代"十恶"一词原本并不是专门的法律术语,它与"十善"相对,是一个佛教术语,本指十种招致地狱、饿鬼和畜生这"三恶道"苦报的恶业,故又称"十恶业道"。佛教传入中国后,对我国古代固有的法律产生了一定的影响,如《隋书》所言隋律"以轻代重,化死为生,条目甚多,备于简策"。显然,隋律的立法精神有受佛教影响的痕迹,同时又在《北齐律》十条大罪的基础上,对罪名略

---

① "八议"即八议制度,是指八类权贵人物犯罪后"大罪必议,小罪必赦",享受特殊优待,司法机关不得擅做处理的制度。这八类人为"亲、故、贤、能、功、贵、勤、宾",八议制度的直接渊源是《周礼》中的"以八辟丽邦法",自曹魏《新律》开始正式载律文。

加增删，便形成了法制层面的"十恶"之罪，并将其写在法典的最前面，以示其严重程度。

降及唐朝，《唐律疏议》规定"凡犯十恶者，不适用八议，且为常赦所不原"后，历代法典皆将此"十恶"作为不赦之重罪，这便是"十恶不赦"的由来。《唐律》沿用隋律"十恶"的规定，分别是：

一曰谋反，指谋危社稷，是"十恶"中的首恶；

二曰谋大逆，指谋毁宗庙、山陵及宫阙，也被称为"大逆不道"；

三曰谋叛，指谋背国从伪，主要指图谋背叛国家、投靠敌国；

四曰恶逆，指殴及谋杀祖父母、父母，杀伯叔父母、姑、兄妹、外祖父母、夫、夫之祖父母、父母，主要是指殴打、谋杀尊亲长辈的犯罪行为；

五曰不道，指杀一家非死罪三人，肢解人，造畜蛊毒、厌魅，主要是指灭绝人道的行为；

六曰大不敬，指盗大祀神御之物、乘舆服御物；盗及伪造御宝；合和御药，误不如本方及封题误；若造御膳，误犯食禁；御幸舟船，误不牢固；指斥乘舆，情理切害及对捍制使，而无人臣之礼。大意是盗取帝王祭礼用的物品或帝王日常穿戴的物品，盗取或伪造帝王的玺印，为帝王做饭菜误犯食禁，为帝王建造的车船不牢固，咒骂帝王以及对帝王派遣的使节无礼等。概言之，其主要针对的是蔑视、侵犯帝王的尊严或人身安全的言行。

七曰不孝，指告言、诅詈祖父母父母，及祖父母父母在，别籍、异财，若供养有阙；居父母丧，身自嫁娶，若作乐，释服从吉；闻祖父母父母丧，匿不举哀，诈称祖父母父母死。其意为：对直系尊亲属有忤逆言行，如控告或咒骂祖父母、父母；祖父母、父母在世时别籍异财（分居），不予供养；父母丧时嫁娶作乐，脱去丧服，改着吉服；听闻祖父母、父母丧，隐瞒不报；诈称祖父母、父母死亡。由此可见，不孝罪主要是指不侍奉父母、不按礼制服丧的行为。

八曰不睦，指谋杀缌麻以上亲，殴告夫及夫大功以上尊长、小功尊属，主要指亲族之间互相侵害的犯罪行为。

九曰不义，杀本属府主、刺史、县令、见受业师。吏、卒杀本部五品以上官长；及闻夫丧，匿不举哀，若作乐，释服从吉及改嫁。从律注可知"不义"有三种情况，一是杀害自己的上级官员或者受业老师；二是官府中的吏员或士兵杀害自己五品以上长官；三是妻子在丈夫去世后不举行哀悼仪式，或者不停止娱乐活动，又或者不穿丧服而穿吉服，甚至改嫁。在古代，对于不义的罪行往往会被处以极刑，以儆效尤。

十曰内乱，指奸小功以上亲、父祖妾及与和者。"和"，指通奸。内乱主要涉及亲属间不道德的性关系。

此后，宋元明清基本沿用了唐律关于"十恶"制度的规定，直至清末变法修律，礼法分离，才正式废除。始自秦汉的"不敬""大不敬"罪，在当时的历史条件下具有一定的意义，它不仅体现了封建特权、尊卑等级、宗法伦理等一系列等级原则，而且依皇权、中央集权不断加强，在一定程度上维护了多民族国家的统一，促进了多民族国家的发展。

第三节　贼燔人舍

文物简介

1973年出土于破城子探方五。木简一枚（出土编号EPT5∶16），该简上下残断，两行书写，字迹漫漶、残泐，长17.8厘米，宽1.6厘米，厚0.3厘米。该简当属汉代名捕诏书，从简文内容看，诏书列名追捕之人犯有"贼燔""盗兵马"等恶行，共计69人。现藏甘肃简牍博物馆。

简牍释文

☐朔乙酉，万岁候长宗敢言之。官下名捕诏书曰："清河不知何七男子，共贼燔男子李

☐盗兵马，及不知何男子凡六十九人，黠谋更☐☐☐怨攻盗贼燔人舍，攻亭

阅牍延伸

一、"贼""故"是什么

我国古代关于罪过形态的最早记述，可以追溯到《尚书》。《尚书·舜典》载："眚灾肆赦，怙终贼刑。"注曰："眚，过；灾，害；过而有害，当缓赦之；怙奸自终，当刑杀之。"据传世文献，

图1-3　名捕贼燔人舍及盗兵马罪犯诏书

汉代"法令有故、误"之分。用现代刑法犯罪构成理论概言，则是将犯罪的主观方面分为犯罪故意和犯罪过失。

古代刑法中故意的表现形态有"谋""贼""知""故"等，何为"谋"呢？张斐认为"二人对议谓之谋"。《唐律·名例》亦规定"谋者，二人以上。"可知，"谋"是指二人以上共同商量犯罪的主观意图。"知"，有明知、知道之意。《秦简·法律答问》："夫盗二百钱，妻所匿百一十，何以论妻？妻智（知）夫盗，以百一十为盗。"显然，妻子属于明知而犯，所以对其按盗窃一百一十钱论罪。除此以外，汉律中"见知故纵之法"、唐律中"知情藏匿罪人"，都是故意犯罪的表现。

何为"贼"呢？《说文解字》载："贼，败也。"段玉裁注："败者，毁也。毁者，缺也。"又，《左传》周公作誓命曰："毁则为贼。"意即破坏法的是贼，引申指作乱叛国危害百姓的人。在秦汉时期，"贼"的含义与杀人有密切联系，如《二年律令·贼律》中多有"贼杀人""谋贼杀、伤人""贼杀伤"等罪名。张斐《晋律注》释贼曰："无变斩击谓之贼。"即没有发生变故就斩杀他人者叫作贼。沈家本在《汉律摭遗》中说："贼者，害也，凡有害于人民，有害于国家，皆可谓之贼。"可以看出，这是对张斐注释的继承。

古语中，"故"即故意。《晋律注》中对"故"的注释为："其知而犯之，谓之故。"仅从张斐对"故"与"贼"的注释来看，差异是非常明显的，"故"强调的是明知故犯的主观心态，"贼"强调的是无故杀伤之行为。自唐至清，基本沿用张斐注说。清人沈家本在《寄簃文存·卷二》中称："故字之意，自当以此为定论。"

秦汉魏晋时期，作为犯罪主观心态的"贼"与"故"是并存的，《唐律》中仅见"故"而无"贼"，如《唐律疏议》曰："非因斗争，无事而杀，是名故杀。"不难看出，"无事而杀"的"故杀"与"无变斩击"的"贼"含义其实是相同的。

二、从"贼燔"到"故烧"

汉律中的"贼燔"演变为唐律中的"故烧",亦是从"贼"到"故"这一发展过程的具体表现。

"贼燔",张家山汉墓竹简整理小组在《贼律》中注释为"故意燔烧"。据《二年律令·贼律》载:"贼燔城、官府及县官积冣(聚),弃市。燔寺舍、民室屋庐舍、积冣(聚),黥为城旦舂。其失火延燔之,罚金四两,责(债)所燔。乡部、官啬夫、吏主者弗得,罚金各二两。"从简文"贼燔"和"失火延燔"可知,汉律《二年律令》已经明确区分了故意纵火与失火的情形,并且将两种情形规定在同一条律令中。此外,张家界古人堤汉简《贼律》目录也有"贼燔烧宫"条、"失火"条。《晋书·刑法志》:"贼燔人庐舍积聚盗,赃满五匹以上,弃市;即燔官府积聚盗,亦当与同。"可以看到,汉律到晋律中"贼燔"的变化并不明显。

据《唐律疏议·贼盗律》"故烧舍屋而盗"条:"诸故烧人舍屋及积聚之物而盗者,计所烧减价,并赃以强盗论。"又《唐律疏议·杂律》"烧官府私家舍宅"条:"诸故烧官府廨舍及私家舍宅,若财物者,徒三年;赃满五疋,流二千里;十疋,绞。杀伤人者,以故杀伤论。"显而易见,唐律中已无"贼燔",而代之以"故烧",虽然律条内容略有变化,但不可否认,《晋律》《唐律》的内容主体、指导思想,都源自汉律。另外,需要指出的是,《唐律》不仅顾及因故意纵火造成的财产损失,更明确了对生命受损和因烧而盗的处罚,较之《汉律》《唐律》的规定更合理、更细致。

三、居延地区的纵火案

在居延地区,官府设有"灭火吏"一职,专门负责火灾事故的处理、善后和奏报等工作。为防止火灾的发生,每日直符的官吏需巡检有无水灾、火灾、强盗或窃贼这些天灾人祸发生。此外,为严明职责,《汉律》规定对未能抓获纵火者、未能尽到责任的官吏如"乡部、官啬夫、吏主者",

依律"罚金各二两"。

我们回到简文中,"清河不知何七男子,共贼燔男子李□盗兵马,及不知何男子凡六十九人,黠谋更□□□怨攻盗贼燔人舍,攻亭……"此简记录的便是一起发生在居延地区的故意纵火案,从"贼燔""贼燔人舍""攻盗""攻亭"来看,这次事件危害大,而且罪犯人数众多,可知性质之恶,所以官府下令"名捕"这些罪犯。依照汉律,"贼燔城、官府及县官积冣(聚),弃市。燔寺舍、民室屋庐舍、积冣(聚),黥为城旦舂",即对于故意纵火烧毁城邑、官衙和仓廪物资财产的人,处以弃市之刑;烧毁寺舍、民室及财产的人,黥为城旦舂。

众所周知,边塞障燧中备有燃放信号的积薪,加之河西地热、沙多、冬大寒的自然条件,极容易为贼人利用而故意纵火,这使纵火事件的概率大大增加。如《居延新简》中记载:"告。乃问尊,对曰:'廼四月庚子夜失火延燔尊钱财衣物各如牒证。'"此简所记录的是一起夜间失火造成钱财衣物损失的案件。又如,《居延新简》中记载:"攻坏燔烧第枲燧以南,尽昏寅烟火不绝。又即日平旦。"可见火势之大,并延至第二日早晨。

上述几起案件,性质都非常恶劣。不论是盗贼的一般性故意纵火,还是人数众多的采取包括纵火在内的严重暴力犯罪行为,抑或是匈奴对河西汉塞的烧杀劫掠,都对河西地区的发展和社会治理造成了严重影响。

第四节　杀人无忌

文物简介

1990年出土于敦煌悬泉置遗址。木简一枚（出土编号ⅠT0209③:26），该简下残，两行书写，字迹漫漶、墨痕过淡、残泐过甚，不易辨认。该简为文书简，长17.2厘米，宽2.1厘米，厚0.6厘米。根据残留部分简文大致推测，这是一起发生在敦煌地区的故意杀人事件。该事件反映了汉代边疆地区社会治理的复杂严峻。现藏甘肃简牍博物馆。

简牍释文

功。盗贼杀人。□取其妻以为妻，
□□□□□
　　　□□□又与陈仓男子李重光等……

阅牍延伸

一、汉代的亭长和游徼

早在春秋战国时期，我国的乡里组织已初具规模。关于汉代乡里制度的研究，自严耕望、王毓铨先生以来，学界已有颇多成果，大家普遍认为：

（1）汉承秦郡县之制，于城邑及交通要害

图1-4　敦煌地区故意杀人案

处置有亭，亭置长、佐、候、求盗、亭父等亭吏，隶属县尉。亭长，掌理捕劾盗贼，属于低于县二级的行政建制长官，级别相当于现在的派出所所长。

（2）乡是县以下重要的地域性行政管理单位，置啬夫（或有秩）、三老、游徼等职，啬夫，为一乡之长；三老，掌一乡之教化。《礼记·礼运》云："故宗祝在庙，三公在朝，三老在学"；游徼，掌一乡治安。《汉书》卷一九《百官公卿表上》载："十亭一乡，乡有三老，有秩、啬夫、游徼。三老掌教化，啬夫职听讼收赋税，游徼徼循禁贼盗。"

（3）里是最基本的管理单元，每里一百户；里有里魁，或称里正，又有父老、祭尊等。

说到汉代的亭长，其中最"出圈"、最为大家所熟知的，非泗水亭长刘邦莫属。《史记·高祖本纪》载："及壮，试为吏，为泗水亭长。"在传世文献和出土简牍中，都记载了汉代亭长的工作日常。东汉应劭在《汉官仪》中描述，亭长"持二尺版以劾贼，索绳以收执贼"，从而维护一方的治安和稳定。在大量出土的甘肃汉简中，我们可以看到河西汉塞一个个亭长，求捕盗贼的场景。如《悬泉汉简》："☐☐昌安亭长束护，逐杀人贼盖登亡徒"，记录的就是亭长束护追捕杀人犯盖登一事。

至于游徼一职，在睡虎地秦简与里耶秦简中均未见其记载，所以推知其应为汉代所新设置之职。据《续汉书·百官志》载，汉代基层社会中

图 1-5 昌安亭长束护
逐捕杀人贼简

每个乡都置有游徼一职，但考据汉代传世文献多见"部游徼"，很少见到"乡游徼"。严先生考诸汉代诸县置有游徼，但大多称为"县游徼"。严耕望先生说："乡游徼实即为县职之分部于诸乡者，属功曹。"但在游徼职掌上，严先生又认为乡游徼与县门下的游徼是相同的。又引翼奉曰："游徼亭长，外部吏，皆属功曹。"然而，所谓乡游徼、部游徼实际上都是由县廷派出的游徼，分部巡徼即称为"部游徼"，按乡巡徼即"乡游徼"①。如《武威汉简·王杖十简》："河平元年，汝南西陵县昌里先年七十受王杖，部游徼吴赏使从者殴击先，用（因）诉，地太守上谳。廷尉报：罪名明白，赏当弃市。"所载为"部游徼"。当然，简文亦有直接为"游徼"的记载，如："名捕平陵德明里李蓬字游君年卅二三坐贼杀平陵游徼周敕攻□□市贼杀游徼业谭等亡为人奴□。"(《释文合校》114·21）

此外，亭长还与贼捕掾、游徼配合调查、考实案件。《长沙五一广场东汉简牍选释》载"永初元年正月癸酉朔廿日壬辰，东部劝农贼捕掾迁、游徼尚、驷望亭长范，叩头死罪敢言之：廷书曰言：男子吴辅斗伤弟妻麛，亡"，即左部劝农贼捕掾毛浩、东部劝农贼捕掾黄迁与游徼、所部亭长就某一案件配合核实，之后形成文书并上报。②

二、从"贼杀人"到"六杀"

《左传·昭公十四年》载："昏、墨、贼，杀，皋陶之刑也"，晋国大夫叔向解释说："己恶而掠人美为昏，贪以败官为墨，杀人不忌为贼。"《汉律》中的"贼"，不局限于杀人行为，同时也涵盖了犯罪行为实施的主观心态。沈家本在《汉律摭遗》中说："贼者，害也，凡有害于人民，有害于国家，皆可谓之贼。"将沈氏所言的这种"害心"与

---

① 鲁西奇：《汉代乡里制度的几个问题》，《云南大学学报（社会科学版）》，2018年第6期。

② 戴卫红：《东汉简牍所见亭长及基层社会治安》，《中国社会科学报》，2019年03月14日。

"贼"本身的含义结合，不难发现，汉律中的"贼"与现代法律中的"故意"相关。

在出土竹简记录的秦汉律中，可以见到大量"贼杀"作为罪名的记载。可以说，汉律中的"贼杀"，既描述了一类具体的犯罪行为，又强调了犯罪的主观心态，即"杀人不忌"。沈家本推测汉律中的"贼杀"疑为后来律文之故杀。[①] 从"贼杀"到"故杀"再到唐"六杀"制度的建立，这不仅仅是其罪名的变化，更是其内涵的进一步发展。

唐律集前代法制之大成，成为完备而典型的封建法律，在杀人罪方面的研究以及立法上有了突破性的发展。《唐律疏议·盗贼》及《唐律疏议·斗讼》较详尽地规定了杀人罪。唐律根据犯罪情节和意图将杀人区分"六杀"，即"谋杀""故杀""斗杀""误杀""戏杀""过失杀"，具体内容见表1-1表分析。

表1-1 "六杀"及其特征

名称	特征
谋杀	指预谋杀人，尚未实施
故杀	指事先无预谋的故意杀人
斗杀	指在斗殴中出于激愤将人杀死
误杀	指错认了物件而将他人杀死
戏杀	指"以力共戏"而导致杀人
过失杀	指"耳目所不及，思虑所不至"，类似意外事件而致他人死亡

唐律根据"六杀"主观恶性的不同规定了不同的处罚。谋杀人，一般减故杀罪数等处罚。《唐律疏议·贼盗律》规定："诸谋杀人者，徒三年；已伤者，绞；已杀者，斩；诸谋杀制使，若本属府主、刺史、县令及吏卒谋杀本部五品以上官长者，流二千里；诸谋杀期亲尊长、外祖父母、夫、

---

① 刘晓林：《秦汉律与唐律杀人罪立法比较——从贼杀到故杀》，《苏州大学学报：法学版》，2015年第20151期，第55-62页。

夫之祖父母、父母者，皆斩；诸部曲、奴婢谋杀主者，皆斩。"故意杀人，一般处以斩刑。误杀、斗杀减故杀罪一等处罚，《唐律疏议·斗讼律》规定："诸斗殴杀人者，绞；以刃及故杀人者，斩；诸误杀人者，减斗杀一等；诸以力共戏杀人者，减斗杀二等；诸过失杀伤人者，各以其状，以赎论。"概言之，戏杀减斗杀罪二等处罚；过失杀，可以收赎。

虽然我们在两唐书中仍能见到关于"贼杀"罪名的记录，但不能否认的是，从秦汉律中"贼杀"到唐律中"故杀""六杀"罪名制度的建立，反映出古代律学理论、司法制度的不断进步与完善。

三、汉简中的"娶妻案"

在恋爱自由的今天，我们很少听到"媒人"一词。但上溯至西周或者更久远的时代，"媒人"是官方认可的，也是一段婚姻合乎法律、合乎礼仪的重要见证人。据《诗·伐柯》载："取妻如何，匪媒不得。"这也是我们会形成"明媒正娶"婚姻观念的由来。

1983年发现于湖北江陵、2001年11月由文物出版社正式公布出版的《张家山汉墓竹简（二四七号墓）》，使亡佚已久的汉代法律重新面世，为汉代法律史研究补充了许多新材料，其中就有著名的《临淄狱史阑诱汉民之齐案》。"狱史阑案"涉及汉代刑事审判程序，不仅让我们进一步了解有关汉代婚姻家庭法律，也让我们了解了报谳文书的书写格式。时光流转，虽跨越千年，如今当我们再次注视这些简册，仿佛真的可以聆听到狱史阑与女子南的对话，他们如此久远又如此鲜活。

在该案中，汉朝官员给阑定罪时的争议之处，就在于南的身份定夺不下。女子南本为秦末齐国的王族成员，汉朝初建，高祖为了削弱各地旧王族和豪杰的势力，于是将齐楚燕等地的旧王族迁往关中，南也在迁徙的队伍中，恰巧由齐国的狱史阑护送。但在迁徙途中他们互生爱意，私下结为夫妻。为顺利通过汉朝关塞，阑找来了男子衣冠，并偷窃了大夫虞的通关符传，让南穿好装作病人躺在车上。但是在过函谷关的时候，二人被守关士卒发现，并被收押下狱。

在这样的政策、法令背景下，汉朝官吏责问阑：首先"律所以禁从诸侯来诱者，令它国毋得取（娶）它国人也"，意即阑作为诸侯的官吏，不该娶南为妻；其次，阑又妄想将汉廷决定迁到关中的南带回齐国藏匿，实际上就是引诱汉民到齐国。

根据汉律的规定，如果南算是齐国人，那么阑就是隐藏逃亡人口罪；如果将南算作汉朝关中妇女，那么阑的罪行就是引诱汉朝妇女到诸侯国。由于对南的身份一时无法定夺，最后案件上报给廷尉，代理廷尉事宜的太仆不害认为：阑的罪行是隐藏逃亡人口，阑应当黥为城旦。

《墨子·号令》中记载："诸城门若亭，谨候视往来行者符，符传疑，若无符，皆诣县廷言，请问其所使。"南用来冒充大夫虞的符传，就是古代符信之一，用于出入门关。符传一般会写持符人出发的时间、经过地点、所行何事等重要信息，供沿途官吏检查。也许是符传本身的问题，也或许是符传记载信息核验不过，南和阑被守城士卒识破，并被汉朝拘押。从简文记载，我们无从得知主人公的最终结局，但"莫放春秋佳日过，最难风雨故人来"，希望南与阑会在关中某地执手相见……

第二章 盗律

第一节　盗赃何论

文物简介

1907年出土于敦煌市汉代边塞城障烽燧遗址，是斯坦因第二次中亚考察所获简牍。木简一枚（斯坦因编号 TV.Ⅱ.bi.142；敦煌汉简编号 1676），该简上下均残，墨色甚浓、字迹清晰、书写规整。该简为文书简，长 10.7 厘米。从简文记录可知，在敦煌地区发生了一起故意放火案件，贼人故意烧毁庄稼，赃值已满二百二十钱的，根据汉律应处完城旦舂的刑罚。

简牍释文

☐当时，贼燔䅲归城，臧满二百廿，以不知何人发觉，种八☐☐

阅牍延伸

沈家本在《汉律摭遗·盗律》中罗列了9种盗律律目，分别为：劫掠、恐吓、卖买人、持质、受所监（监守自盗）、受财枉法、勃辱强贼、还赃畀主、贼伤。但在张家山汉墓出土的《二年律令》中，

图 2-1　敦煌地区故意放火案

所涉盗律律目计有11条①，相较而言，关于重大犯盗行为的律文较少。这或许说明，汉朝初期皇权的强化力度相对而言较小。②

远在千里之外的河西边塞，亦发掘出土了不少汉代的盗律条目及与盗律相关的文书。今天，这些出土简牍，为我们研究汉律及其在边地的运行提供了第一手资料，也是我们更好地认识汉代盗律的坚实基础。

一、何为"盗赃"

汉代王符在《潜夫论·断讼》中说："高祖制三章之约，孝文除克肤之刑，是故自非杀伤盗臧（赃），文罪之法轻重无常，各随时宜，要取足用，劝善消恶而已。"《晋书·刑法志》载："贼燔人庐舍积聚，盗赃五匹以上弃市。"这里的"盗臧（赃）"为抢劫或偷窃财物的行为，强调"盗"的行为。此外，"盗臧（赃）"有抢劫或偷窃得来的财物及其价值多少之意，强调"盗臧（赃）"所得财物。《汉书·高帝纪上》载"伤人及盗抵罪"，颜师古注引李奇曰："伤人有曲直，盗臧（赃）有多少，罪名不可豫定，故凡言抵罪，未知抵何罪也。"又，《宋史·食货志下一》："索盗赃则不偿失主，检财产则不及卑幼。"可见，传世文献中的"盗赃"，多有盗窃财物价值之意。

二、汉律对"盗赃"行为的处罚

"计赃论罪"，是我国古代刑律惩治盗窃罪的基本原则，即按照盗窃所得赃物的多少来确定刑罚轻重的一项司法原则。这一原则初见于秦，而律文明载当以唐律为最先，且为宋、元、明、清历代刑律所沿用。据《二

---

① 根据朱红林：《张家山汉简〈二年律令〉集释》《盗律》集释第二，该11条律目为：盗臧、谋遣人盗、谋偕盗而各有所取、盗盗赃、受赇枉法及行赇、徼外人来入为盗、盗五人以上相与功攻盗、智人为群盗而通饮食馈馈之、群盗及亡从群盗、略卖、劫人、谋劫人求钱财、相与谋劫人、盗出钱财于边关徼及吏部主知而出者、盗出黄金边关徼、私假贷财物黄金与人、叚道不归、诸盗□平贾。

② 张伯元：《汉律摭遗与二年律令比勘记》，沈家本与中国法律文化国际学术研讨会论文。

年律令·盗律》载:"盗臧(赃)直(值)过六百六十钱,黥为城旦舂。六百六十到二百廿钱,完为城旦舂。不盈二百廿到百一十钱,耐为隶臣妾。不盈百一十到廿二钱,罚金四两。不盈廿二钱到一钱,罚金一两。"简文大意是,所盗财物赃值超过六百六十钱,则"黥为城旦舂";值六百六十到二百二十钱,则为"城旦舂";值二百二十到一百一十钱,为隶臣妾;值一百一十到二十二钱,罚金四两;值二十二钱到一钱,罚金一两。

据《睡虎地秦墓竹简·秦律十八种》之《金布律》可知,秦制"钱十一当一布"。汉承秦制,秦至汉律中的钱数常以十一的倍数为标准。这就是汉律中的钱数均为"十一"的倍数的原因。此外,对于汉律中的"盗赃",有以下几点值得关注。

首先,是汉初对赃罪的量刑起点和处罚标准的规定。从简文"不盈廿二钱到一钱,罚金一两"来看,汉初对盗窃的量刑起点为"一钱",处罚标准为"罚金一两"。至于处罚标准,根据律条简文可知为"据赃科断",即根据赃值的多少定罪处罚。这就说明,司法官吏在认定"盗赃"犯罪时的职责之一,便是对赃物的价值进行评估。《二年律令·盗律》简80对此也有记载:"诸盗□,皆以罪(?)所平贾(价)直(值)论之。"

又如,《睡虎地秦墓竹简·法律答问》中记载了一则极为相似的盗窃案件,那便是有名的"士伍甲盗窃案"。

据载,战国时期的秦国,士伍甲盗窃,如在捕获时估其赃物价值,所值应超过六百六十钱,但吏没有估价,到案件审讯时才估赃值一百一十钱,因而甲被判处耐刑。地方司法机关请示甲和吏如何论处,中央司法机关批复:甲应黥为城旦;吏如果不是故意这样做,按用刑不当论罪,如是故意这样做,以不公论罪。[①]

从秦简所记载的这两则案例来看,汉律对赃罪处罚的量刑金额,是

---

① 参见东方传统文化研究院华夏文化研究所组织编写:《中华法案大辞典》,北京:中国国际广播出版社,1992年,第19页。

承自秦律无疑。这两则案例中，因为官吏当时并未评估赃物的价值，直到审理案件时才估价，不论是案例一中的轻罪重判，还是案例二中的重罪轻判，官吏都构成"失刑"。

其次，是汉律对共谋盗窃及"共盗并赃论"的分别规定。据《二年律令·盗律》："谋遣人盗，若教人可（何）盗所，人即以其言□□□□□及智（知）人盗与分，皆与盗同法。"可以看出，汉律对"谋遣人盗"的处罚原则是"与盗同法"，秦律中"谋遣"指谋划并教唆他人犯罪，类似于汉律中的"造意"。对于此类行为，汉律规定处刑与盗赃者相同。又，《睡虎地秦墓竹简·法律答问》有："甲谋遣乙盗，一日，乙且往盗，未到，得，皆赎黥。"在该案中，甲乙共谋盗窃，甲派乙去盗窃，乙还未到达盗窃地点就被抓获。结果两人皆处以"赎黥"的刑罚。至于"共盗并赃论"的情形，《二年律令·盗律》中规定："谋偕盗而各有取也，并直（值）其臧（赃）以论之。"意即一起谋划盗窃者，在盗窃时各有所取、各自盗窃，抓获之后要按其赃物的总价值论罪。

后世继承了盗窃行为"共盗并赃论"的思想，在《唐律·贼盗律》"共盗并赃论"条规定："诸共盗者，并赃论。造意及从，行而不受分，即受分而不行，各依本首从法。"若造意者不行，又不受分，即以行人专进止者为首，造意者为从，至死者减一等。从者不行，又不受分，笞四十；强盗，杖八十。若本不同谋，相遇共盗，以临时专进止者为首，余为从坐（注：共强盗者，罪无首从）。主遣部曲、奴婢盗者，虽不取物，仍为首；若行盗之后，知情受财，强盗、盗窃，并为盗窃从。"《疏议》解释道："共行盗者并赃论，假有十人，同盗得十匹，人别分得一匹，亦各得十匹之罪。若造意之人，或行而不受分，或受分而不行；从者亦有行而不受分，或受分而不行，虽行受分有殊，各依本首从为法，止用一人为首，余为从坐。假有甲造意不行受分，乙为从行而不受分，仍以甲为首，乙为从之类。"其意在表明，凡是参与共同窃盗的人，均按照共同窃盗所得之赃物总数判刑，而不论其本人实际上分得多少；共同窃盗的首谋，不论其是否同行窃盗，只要其受分窃盗所得之赃物，即承担主犯的罪责。

唐律"共盗并赃论"条，自秦汉盗律承袭而来，不过唐律的这一规定更加详细，更加注重行为的社会危害性，并不注重行为人获得多少赃物，这种立法思想和立法技巧都值得肯定。①

最后，是汉律较之秦律出现轻刑化的特点。关于汉律盗赃行为的量刑，前文已经说明，对于盗赃一钱的行为，在《睡虎地秦墓竹简·法律答问》有这样的案例："或盗采人桑叶，臧（赃）不盈一钱，可论？赀徭三旬。"意思是，偷盗他人桑叶，赃值不到一钱，论罪处罚为服三十天的劳役。又，《睡虎地秦墓竹简·法律答问》载："甲盗不盈一钱，行乙室，乙弗觉，问乙论可也？毋论。其见智之而弗捕，当赀一盾。"在秦律中，对盗赃行为不知情者不论罪，但对盗窃不足一钱知之不报并且没有对其逐捕的，也要负"赀一盾"的处罚。相比较而言，秦代的法律更为严苛。

汉初，为恢复经济、稳定统治，采取黄老之术，实施与民休息、轻徭薄赋等政策，至武帝罢黜百家、独尊儒术，引经决狱之风盛行，法律出现儒家化特点，魏晋南北朝进一步"纳礼入律"，直至唐律，"一准乎礼"，礼法并用，经主刑辅成为法律思想的核心。

三、河西地区的"盗赃"行为

从河西地区的出土汉简来看，侵财型盗窃案在所有盗窃案的类型中居多，或许是边境不宁、战乱频发之故，侵财类的主要对象是钱财和粮食。其中，盗窃钱财的对象主要是个人，盗取粮食的对象主要是官府粮库。

除此之外，盗窃牛只、盗窃军械的案件记录也不在少数。在河西边郡的屯戍区，牛、马等畜力在当时不仅是生产力的重要组成部分，同时，这些畜力还是重要的社会和家庭财富，马匹更是重要的军用资源。

为了重惩盗窃犯，维护河西地区社会秩序，汉政府规定"边郡盗谷五十斛，罪至于死"，更何况是盗窃牛只、盗窃军械的罪行呢？当然，

---

① 孙力：《〈唐律〉窃盗罪初探》，《甘肃政法学院学报》，1988年第4期。

这也说明前文所言汉代对赃罪处罚的量刑金额因时因地而异的情况，是大量存在的。

还有一类不得不提的"盗赃行"，算作一类特殊的盗窃罪，即"盗发冢"，也就是盗掘坟墓中的随葬财物。在《居延汉简》中，有一份名为《甲渠言部吏毋铸作钱发冢贩卖衣物于都市者》的文告，虽然简文残疏，但仍能大致看出该简册所记载的问题。

对"盗发冢"的行径，"百姓患苦之"久矣。早在先秦时期，就有关于对"发冢"行为的律文规定，如《吕氏春秋·节丧》载："棺椁数袭，积石积炭以环其外。奸人闻之，传以相告。上虽以严威重罪禁之，犹不可止。"汉律，也有关于处置"发冢"罪的规定。《二年律令·盗律》载："盗发冢，略卖人若已略未卖，矫相以为吏，自以为吏以盗，皆磔。"又，《淮南子·氾论训》载："天下县官法曰：'发墓者诛，窃盗者刑。'此执政之所司也。"由此可见，秦汉统治者对坟墓的保护都非常重视，汉律对有盗墓行为者更是以极刑重惩。另外，居延地区出土的这份当地军政机构发布的禁"发冢"文告，也足以证明，在河西边郡存在着盗掘坟墓的严重犯罪，盗发塚行为猖獗多见。

第二节　受赇枉法

文物简介

1907年出土于敦煌市汉代边塞城障烽燧遗址，是斯坦因第二次中亚考察所获简牍。木简一枚（《敦煌汉简》编号1875），该简下残，字迹漫漶。该简为官文书，长16.7厘米，宽1.1厘米。从简文所记的"受赇以枉法，皆坐赃为盗"可知，该简与汉律所规定的"受赇枉法"的行为有关。现藏甘肃简牍博物馆。

简牍释文

行言者，若许及受赇以枉法，皆坐赃为盗，没入□□。行言者，本行职者也，□□

阅牍延伸

一、何为"受赇枉法"

"赇"，《说文解字》中载："以财物枉法相谢也。"段注："枉法者，违法也。法当有罪而以财求免，是曰赇，受之者亦曰赇。""受赇"，即受贿。不论"受赇""请赇"还是"行赇"，均被列为犯罪。《敦煌汉简》有载："行

图2-2　汉"受赇以枉法"律说

言者，若许及受赇以枉法，皆坐赃为盗。"简文中的"受赇以枉法"，与现代刑法中的"贪污受贿罪"相似。

其实，"受赇枉法"早在先秦歌谣《优孟歌》中就有记载："又恐受赇枉法为奸触大罪，身死而家灭，贪吏安可为也。"可以看到，先秦时期，"受赇枉法为奸触大罪"的思想，已经为大众所接受并编为歌谣传唱。同时，我们也可得知，依照当时律法"受赇枉法"就为大罪（重罪），因贪污受贿、违犯法纪导致的法律后果，便是贪吏身死（死刑），而且连坐家人以致"家灭"。

二、汉律中的"受赇枉法"

现在人们一看见"盗"字，很自然地会联想到"盗窃""偷盗"等词汇，究其原因，主要在于人们的观念中已习惯于用这些词汇来概括侵犯他人财产的犯罪行为。但若回到汉代，有关盗罪的认识就不能作如是观。根据两汉时期的传世文献，"盗"除了"盗窃、侵夺财产"之义外，还有"不当、不正"的含义。以《二年律令》为例，作为财产性犯罪的盗罪的细目不止于"窃盗"。如《盗律》云："受赇以枉法，及行赇者，皆坐其臧（赃）为盗。罪重于盗者，以重者论之。""受赇枉法""行赇"等罪行在唐律中是以"受财枉法""以财行求"为名，被列入《职制》之下的，但在汉律中却被界定为"盗"。[1]

汉律规定吏坐受赇枉法，皆弃市，且子孙三世皆不得为吏。《敦煌汉简》1875号简首起有黑圆点，类似令文首起。早年曾有学者将之归为汉代官吏的"赃罪"之列。[2]但是，此说并未受到学界重视。不过，大庭修先生在《秦汉法制史研究》中有"律说的佚文"一节专论此简。他认为该律"行言许受赂"当属律的简称。简文中的"受赇以枉法"与《晋书·刑法志》引《魏新律序略》所见汉盗律"受所监，受财枉法"之"受

---

[1] 朱腾：《唐以前盗罪之变迁研究》，《法学研究》，2022年第1期。
[2] 陈乃华：《秦汉官吏赃罪考述》，《山东师大学报》，1991年第1期。

财枉法"相似。不过,大庭脩又指出"赇"与"财"有所不同,他引用"颜师古注'赇言受人财者,枉曲正法,作赇字',与简文同"来支持自己观点。同时,大庭脩认为简文有缺字不能准确获知文意,但三个缺字后的"行言者"之下的内容,应是对前文的解说。故此,他推测该简有可能为"律说",而未必为律。①

基于新出土简牍材料及其他汉简,或许"律文"之说更为妥当。根据汉律,"受赇以枉法,及行赇者,皆坐其臧(赃)为盗"。意即,对受贿违法者、行贿者皆以坐赃论罪。不难发现,《敦煌汉简》1875号简文内容与《二年律令》中关于"受赇枉法"的规定,非常相似。由之可见,本条简文为汉代盗律的文字。此外,据《二年律令·钱律》"故毁销行钱以为铜、它物者,坐臧(赃)为盗"可知,汉代对受贿、行贿及毁销法定货币的行为,都比照"盗"论罪。如果有"罪重于盗者",则"以重者论之"。

虽然此简残缺,不能知其全貌。但是,根据大庭脩先生"三个缺字"的论述,"没入□□"中原未释读的二字,实际应是三个字。据简文"没入"推测,对受赇枉法者的刑事处罚可能包括没收赃物。那么,所缺三字应是"没入"的主体(没收财物的去处),根据汉制,所缺三字或许为某官府。因无简牍辞例为证,仅据文意做出猜测,聊备一说。

三、严格的司法官责任制

"治国先治吏,吏治清,则天下平。"早在西周,统治者就对司法官的责任做出了明确规定。据载,周穆王时制定的《吕刑》中就有"五过"制度:"五罚不服,正于五过。五过之疵,惟官、惟反、惟内、惟货、惟来。"②此"五过",是对司法官员五种违法行为的禁止性规定。具体而言,"惟

---

① [日]大庭脩著、徐世虹等译:《秦汉法制史研究》,上海:中西书局,2017年,第64页。

② [清]孙星衍撰,陈抗、盛冬铃点校:《尚书今古文注疏》,北京:中华书局,1986年,第531页。

官"，指曾同官位；"惟反"，为挟嫌报复；"惟内"，指袒护亲属；"惟货"，指收取贿赂；"惟来"，指受人请托。若司法官在审判案件过程中，基于"五过"制度而导致判案有误的，该司法官均要被追究责任。当然，对于向官吏馈送财物和说情行私者"其罪惟均"，即行贿人员与受财枉法的官吏同罪处罚。

降及秦朝，奉行法家的重刑主义，对赃吏一律重罚，不赦不宥。如《云梦秦简·法律答问》载："通一钱者，黥为城旦。"①意即，行贿受贿一个铜钱，要受到脸上刺字并服苦役的刑罚。汉承秦制，不过汉朝主要从拒绝执行逮捕、故意放纵罪犯、故意制造不公、贪赃枉法等方面追究司法责任。在汉朝，触犯故意放纵罪犯、故意制造不公两项的人，往往会被免官，不过，更多的是被弃市，"其鞫狱不实者，罪亦至死"②。两汉之时，官吏因坐赃而治罪者不乏其人，据《史记》记载，灌婴之孙灌贤，因行赇获罪，最终被剥夺了封地。

自西汉武帝颁布《监御史九条》和《刺史诏六条》开始，国家层面正式把吏不廉、背公向私、阿附豪强、贿赂列为监察的重要内容，以后历代相沿不绝。时至今日，预防司法腐败依然是国家司法部门和纪检监察机构关注的重点。知古以鉴今，对此，我们应从古代惩贪立法中总结其得失利弊，建立健全的监督机制，继续将司法权力的运行置于阳光之下，能营造风清气正的社会生态，建设一个更加公正、透明、廉洁的社会。

---

① 睡虎地秦墓竹简整理小组编：《睡虎地秦墓竹简》，文物出版社，1990年，第137页。

② 张建伟：《法官错案责任的抚今追昔》，载《人民法院报》，2014年1月24日，第5版。

第三节　监守自盗

文物简介

1974年出土于破城子探方五十二。木简一枚（出土编号EPT52：339），该简下残，墨色字迹清晰、简尾略有残泐，长11厘米，宽1厘米，厚0.2厘米。该简记录了一起汉塞隧长自盗隧亭官糒的事件。现藏甘肃简牍博物馆。

简牍释文

盗所主守隧县官惊糒四斗五升□☒

阅牍延伸

俗话说："日防夜防，家贼难防。"监守自盗，是官吏常见的犯罪行为之一，在任何时代都是法律重点规制的对象。"监守自盗"语出《汉书·刑法志》，意为窃取公务上自己看守（负有看管义务）的财物。

汉律今多佚失。但中国历代律法皆深受汉律影响，如《大清律》中的"监守自盗"罪，即滥觞于汉律的"主守盗罪"。汉律明确将"主守盗"的行为，视为重罪。西汉初年，对官员监守自盗的法律规定经历了由"限制特权"至"加

图 2-3　汉塞隧长监守自盗案

罪"的发展过程。①汉文帝时期产生了对官员监守自盗者"附条件处以死刑"的规定,并在之后出现了以赃值数额为处死条件的"十金法"。据《汉书》载:"守县官财物而即盗之。已论命复有笞罪者,皆弃市。"颜师古注:"即今律所谓主守自盗者也。"②这就是说,对于"守县官财物而即盗之"的人,若在定罪后又犯有笞罪的,处以"弃市"的刑罚。

汉代有名的监守自盗案,载于《奏谳书》,称作"醴阳令恢盗县官米"案。该案中恢作为醴阳令,指使他人盗取官米,转卖销赃并从中获利。在该案的处理过程中,汉律对于贪污行为没有设置专门罪名而是按盗窃处理。但对于官员监守自盗即"主守盗"的行为,量刑比一般盗窃罪更为严厉,并且不得以爵位减免刑责。

近年来,得益于大量出土文献,加上传世典籍的相关记载,我们对发生在汉塞的司法往事有了更多的了解。从历史长河走来,汉塞边防监守自盗之事屡见不鲜。比如,《居延新简》EPT52:339所记,便是一起发生在汉塞的隧长自盗隧亭官糒案。由于该简残缺不全,我们无从得知该案监守自盗的隧长为何人,也不能复原案件全貌。不过,经由简文"盗所主守隧县官惊糒四斗五升□☑",对案件信息仍可窥得一二。

由简文"盗所主守隧"可知,该官吏所盗取的正是其负责看守的烽燧之物。从"县官惊糒"可知,官吏所盗财物为"公物惊糒",数量共计"四斗五升"。

汉简之糒,或称"米糒"③。《说文解字》:"糒,干饭也。"段玉裁注:"《释名》曰:干饭,饭而暴干之也。止居曰食,谓米也。"汉代与匈奴作战,远征漠北,或塞上屯戍,"糒"是必不可少的储备物资。如:《汉书·李陵传》载"令军士人持二升糒,一半冰,期至遮房鄣者相待";

---

① 黄海:《"醴阳令恢盗县官米"案与汉代的官员监守自盗犯罪》,《法律适用》,2020年第24期。
② [汉]班固撰:《汉书》卷二十三,中华书局,2012年,第1009页。
③ 初师宾:《汉边塞守御器备考略》,《汉简研究文集》,兰州:甘肃人民出版社,1984年,第154页。

又如《汉书·李广传》载"大将军使长史持糒醪遣广"。此处"醪",为醪糟,去渣后就是清酒。足以说明,"糒"是古代行军必带的干粮,也是行旅之人随身带的干粮。① 不过,中国传世古籍中并未具体说明制作"糒"要使用何种米,从日本文献所载"糒是糯米干饭"来看,大抵"糒"是将米、麦蒸煮后晾干或晒干而制成的干粮"②,属于军事物资。

至于"惊糒",初师宾先生认为:"惊米、惊糒,乃专为爆发战争而设。惊,同警,《墨子·号令篇》:'卒有惊事';战备干粮,备情况紧急时使用。《汉书·韩安国传》:'边境数惊',皆指警备、战事。此种数目较多,可共三人食用十多日,约由戍所统一经营,不发给个人。"③ 正常情况下严禁动用,其数目不在口粮之内。最终是否计为廪食数,详情不明。④

汉末边塞不宁,战火纷飞,塞上戍卒常以糒为食。"惊糒"作为战时储备干粮,出土简牍多有记载,如:

(1)□惊糒多康负筭十□凡卅七,

此处,"康"同"糠",指稻、麦、谷子等子实上脱下的皮或壳。

(2)以檄惊糒买布为名尉偆等不敬循行留□

(3)道人谨案亭隧六所惊糒皆见毋少不足当实敢言之□,

从"惊糒皆见毋少不足当实"来看,汉塞对于亭隧储备的"惊糒"及其数量,有专人负责监督检查。若有不足、不实的,依律要向上级汇报。或许,这也正是监守自盗案被发现的原因所在。

清人王韬《淞滨琐话·煨芋梦》:"腹馁,掬涧中清泉,和所裹干

---

① 游修龄:《中国稻作史》,北京:中国农业出版社,1994年,第252页。
② 安忠义:《从汉简等资料看汉代的食品加工技术》,《鲁东大学学报(哲学社会科学版)》,2006年9月第23卷第3期。
③ 初师宾:《汉边塞守御器备考略》,《汉简研究文集》,兰州:甘肃人民出版社,1984年,第156页。
④ 初师宾:《汉边塞守御器备考略》,《汉简研究文集》,兰州:甘肃人民出版社,1984年,第156页。

糗食之。"可见，由秦汉至清朝，糗都是重要的便携食物，供行军打仗、出门远行食用。回望历史，我们完全可以想象，汉塞边疆的士卒，不惧烈日暴晒，一路跋涉，一把干粮，一口醪糟，精神抖擞，完成汉室远征匈奴的壮举。

第二章 盗律

第四节　群盗为患

文物简介

居延边塞"客民赵闳、范翕"劾状册，1974年出土于居延甲渠候官遗址第六十八号探方中。这份"劾状"由呈文、劾文、状辞三部分组成，计有木简二十二枚。顺序为出土后复原，原编号分别是：54、55、59、60、61、62、63、64、65、66、57、58、68、69、70、71、72、73、74、75、76、56。整体而言，该劾状简册保存较完整、墨色字迹清晰，个别木简略有漫漶、残泐。现藏甘肃简牍博物馆。

简牍释文

建武六年三月庚子朔甲辰，不侵守候长业敢言之。

乃今月三日壬寅，居延常安亭长王闳、闳子男同、攻虏亭长赵常及客民赵闳、范翕等五人俱亡，皆共盗官兵，臧千钱以上，带大刀剑及铍各一，又各持锥、小尺白刀、箴各一，兰越甲渠当曲隧塞，从河水中天田出。案：常等持禁物兰越塞，于边关徼逐捕未得，它案验未竟。

状辞曰：公乘居延中宿里，年五十岁，姓陈氏，今年正月中，府补业守候长，署不侵部，主领吏迹候备虏盗贼为职。乃今月三日壬寅，居延常安亭长王闳、闳子男同、攻虏亭长赵常及客民赵闳、范翕等五人俱亡，皆共盗官兵，臧千钱以上，带大刀剑及铍各一，又各持锥、小尺白刀、箴各一，兰越甲渠当曲隧塞，从河水中天田出。案：常等持禁物兰越塞，于边关徼逐捕未得，它案验未竟，以此知而劾无长吏使，劾者状具此。

第二章 盗律

（一）
图2-4 居延边塞"客民赵闳、范禽"劾状册

（二）

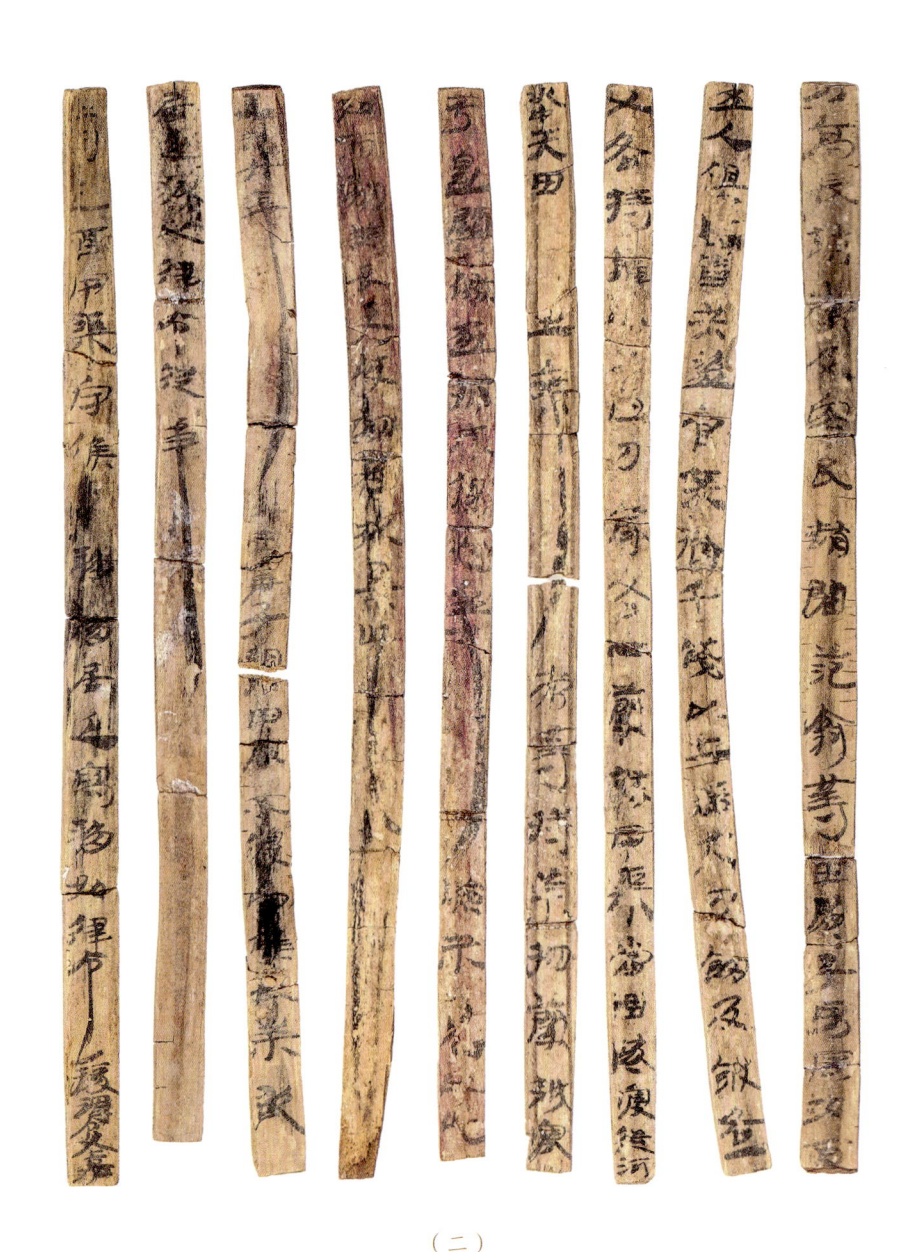

图 2-4 居延边塞"客民赵闳、范禽"劾状册

建武六年三月庚子朔甲辰，不侵守候长业劾移居延狱以律令从事。

三月己酉，甲渠守候移居延，写移如律令。

掾谭、令史嘉。①

阅牍延伸

终两汉之世，"群盗四起，累世为患"。汉武帝为绝"盗贼"，于是"作沈命法"（"沈"同"沉"，现在通常写作沉）。因连坐过甚，以致"盗贼浸多，上下相为匿，以避文法焉"。汉成帝时，"南山盗贼阻山横行，剽劫良民，杀奉法吏，道路不通……群盗浸强，吏气伤沮，流闻四方，为国家忧"。及至汉光武帝仍然"郡国群盗，处处并起"，盗贼和叛乱者有增无减。由于群盗常年隐匿于湖泽山林之中，利用地形掩护进行抢劫活动，因而对社会治安造成了极大的危害，对人民的生活和国家的统治都构成了威胁。

一、何为"群盗"

古代法律中的"群"，是虚指，本身并不表示确切的数量，常用来泛指集合一起从事某种活动的群体②，不过是中国古代共同犯罪之一种。历代关于"群盗"人数的定义，并不统一。如《晋书·刑法志》引张斐："三人谓之群，取非其物谓之盗。"③而《二年律令·盗律》记载："盗五人以上相与功（攻）盗，为群盗。"

另外，据睡虎地秦墓竹简（以下简称"睡简"）《封诊式》载："群盗 爰书：某亭校长甲、求盗才（在）某里曰乙、丙缚诣男子丁，斩首一，具弩二、矢廿……丁辞曰：'士五（伍），居某里。此首某里士五（伍）

---

① 简牍释文及句读参见李均明：《简牍法制史料概说》，《中国史研究》（2005年增刊），第69-70页。

② 何勤华：《律学考》，北京：商务印书馆，2004年，第133页。

③ 《晋书·刑法志》，北京：中华书局，1974年，第928页。

戊殿（也），与丁以某时与某里士五（伍）己、庚、辛，强攻群盗某里公士某室，盗钱万，去亡……自昼居某山，甲等而捕丁戊，戊射乙，而伐杀收首。皆毋（无）它坐罪。'"① 此处，"爰书"以下的文字，是对"群盗"罪之犯罪构成的解释。于豪亮认为"五人盗即群盗"②。曹旅宁认为："群盗人数为五人以上只是群盗的法定犯罪构成要件之一，群盗还应具'有相与功（攻）'的特点。"③ 据此，丁等五人被认定为"群盗"的原因不仅在于其人数，更在于"弩二、矢廿""强攻""去亡"等词句所描述的打家劫舍、武装抗捕的强悍行为。④

二、居延边塞"客民赵闳、范翕"劾状册

对于这起严重的"亡人越塞"案，李均明先生认为，该二十二简，字迹相同，应属一劾状册，简文稍有残缺。

劾状册的简文大意是：建武六年三月初五日，不侵守候长业上报了一册劾状，劾告一起"亡入匈奴"的案件。居延常安亭长王闳父子、攻房亭长赵常这三个人带着两个客民，此五人"持禁物兰越塞"。他们"兰越甲渠当曲隧塞，从河水中天田出"，成功叛逃，"于边关徼逐捕未得"。"客民赵闳、范翕"很有可能利用其平民身份，起到了在两个军事单位"常安亭"和"攻房亭"之间沟通串联的作用，甚至未能排除"客民赵闳、范翕"主谋策划整个事件的可能。他们在军民之间、内地边塞之间、塞内塞外之间表现出交往能力方面的优势，使得"俱亡"而"逐捕未得"。⑤

---

① 睡虎地秦墓竹简整理小组：《睡虎地秦墓竹简》，北京：文物出版社，1978年，第255页。
② 《于豪亮学术文存·秦律丛考》，北京：中华书局，1985年，第143页。
③ 曹旅宁：《秦律新探》，北京：中国社会科学出版社，2002年，第251页。
④ 朱腾：《唐以前盗罪之变迁研究》，《法学研究》，2022年第1期。
⑤ 王子今：《汉简与河西社会交往史新识》，《中国社会科学》，2021年第1期，第122-142页。

在这起逃入匈奴的案件中，"客民赵闳、范龛"等五人不仅"持禁物兰越塞"，而且"共盗官兵，臧千钱以上"以及刀、剑等兵器。根据汉律，仅"越塞"者，"斩左止（趾）为城旦"，何况他们持有如此之多的禁物。也许，他们抱着赴死决心投身这场逃亡，所以，他们在逃亡之前"共盗官兵，臧千钱以上"。据《二年律令·盗律》记载："盗臧直过六百六十钱，黥为城旦舂。"可见，如果逃亡不成功，在汉塞边地等待他们的只有法律的惩罚。

群盗作为严重危害社会治安的一种犯罪行为，其对整个社会的危害无疑是巨大且不容忽视的。古代中国交通不便、政府的管辖无法渗透至偏远地区，群盗常发乃至最终成为反叛政权的力量，《韩非子》《庄子》所描绘的庄蹻、盗跖之徒正可谓其事例，而秦末的黥布等势力也无一不是从群盗集团演变而来。① 群盗产生的原因，最直接的便是社会财富不均衡、土地兼并、苛捐杂税、吏治腐败、自然灾害等，当人们无法生存下去时，就会铤而走险、触犯法律，最终走向犯罪。

---

① 朱腾：《唐以前盗罪之变迁研究》，《法学研究》，2022年第1期。

第三章 囚律、捕律、亡律

第一节 囚 律

文物简介

本简红柳,完整,长 23.5 厘米,宽 0.7 厘米,厚 0.2 厘米。文书格式以黑圆点"·囚律"始,可以看作汉代"囚律"的文字。这条简文具有重要意义,除了本身信息,还可以为理解张家山汉简《二年律令》相关文字提供帮助。① 现藏甘肃简牍博物馆。

简牍释文

·囚律:劾人不审为失,以其赎半论之。

阅牍延伸

《囚律》之律章早已有之,相传《囚律》源于李悝所著《法经》。囚律,顾名思义是规定诉讼关系的法律。② 即"断狱之律,或曰决断之法"。考诸出土的秦朝简牍文本,未见《囚律》字样。不过,《封诊式》有"治狱""讯狱""有鞫"等记载。汉律九章,存《囚律》篇。沈家本《历

---

① 张俊民:《悬泉汉简:社会与制度》,兰州:甘肃文化出版社,2021年,第279-280页。
② 李均明:《秦汉简牍文书分类辑解》,北京:文物出版社,2009年,第153页。

图 3-1 汉《囚律》佚文

代刑法考》所列《囚律》条目有："诈伪生死、诈自复除、告劾、传覆、系囚、鞫狱。"①《晋书·刑法志》载汉《囚律》包括告劾、传覆、系囚、鞫狱、断狱。这与秦律记载在性质上并无二义。

一、关于告劾

告，即告发、告状；劾，即举案之，推穷罪人。汉时揭发罪状为告，断狱为劾。《史记·酷吏列传》载："吏因责如章告劾，不服，以笞掠定之。"虽然张家山汉简未见"囚律"字迹，但关于《囚律》的条款散见于各处汉简之中。

以告劾为例，《二年律令》所记："劾人不审，为失；其轻罪也而故以重罪劾之，为不直。"此处"审"为真实之意，"不审"即不真实。依汉律，"劾人不审"的罪名为"失"，轻罪故意重判的罪名为"不直"。虽然《二年律令》将此简归入《具律》之中②，李均明认为此条应从《具律》中分出，当属《囚律》条款。③徐世虹认同此观点，并主张此简应是囚律中告劾之法的律条。④

与《二年律令》112号简文内容相类似的汉代木简，见于《居延新简》中："囚律：告劾毋轻重皆关属所二千石官。"⑤简文所涉，是诉讼关系中案件的受理机构及司法权限。大意是：涉及徒刑以上的案件，无论轻重，皆应由二千石俸禄的官吏受理、审判。⑥此外，悬泉汉简中亦有类似记载。本书所涉简牍中对"不审"的处罚是按照举告罪应当赎罪之数的二分之

---

① 沈家本：《历代刑法考（三）》，北京：中华书局，1985年，第1360页。
② 彭浩、陈伟、[日]工藤元男主编：《二年律令与奏谳书》，上海：上海古籍出版社，2007年，第138页。
③ 李均明：《简牍法制论稿》，桂林：广西师范大学出版社，2011年，第107页。
④ 徐世虹：《居延新简汉律佚文考》，《政法论坛》，1992年第3期。
⑤ 孙占宇著：《居延新简集释》（一），兰州：甘肃文化出版社，2016年，第194页。
⑥ 任亚爱：《〈囚律〉篇存亡考》，《法制博览》，2018年12月（上）。

一论罪。①

《居延新简》及《悬泉汉简》所见律文,均有标题名且署为《囚律》。值得注意的是,此悬泉简后面的文字以"·"开始,显示其文字的独特性。②以"·囚律"为标题,应属汉代"囚律"的文字无误。

二、关于监狱

中国古代的监狱制度,缘起夏商。监狱名历经变更,夏朝称"丛棘",也称"棘丛"。商朝称为"牢",奴隶主用绳索把奴隶捆绑起来,关在"牢"内,不使其逃跑,"画地为牢"这个成语就由此而来。周朝多称为嘉石、司空、圜土、囹圄等。战国,因为当时在监狱的门上常雕画着"狴犴"的形象,故将监狱称为"狴犴"。至秦朝国家一统,监狱分为中央和地方两级,中央一级的叫作廷尉狱,地方一级的叫作郡狱、县狱。

《汉书·刑法志》有言:"天下狱二千余所",可见其繁多。汉朝的中央监狱由廷尉狱、中都官狱等组成。地方各郡县根据所属区域的不同都设有自己的监狱,且规模庞大。除沈家本在《汉律摭遗》中的考述外,汉塞边关出土的简牍,还记录了2000多年前当时边地的狱名,例如昭武狱。

更为引人注目的是,汉朝已经有了女子监狱——永巷和掖廷。永巷,是当时皇宫内一条狭长的小巷,后被用作关押女犯,其中最有名的当属高祖刘邦的爱妃戚夫人。刘邦死后,吕后下令将戚夫人关押于永巷,罚她每日舂米。掖廷,名为关押女犯人,其实这里关押的大都是政治斗争、宫廷之争的牺牲品。汉朝大将李陵抗击匈奴失败后,其家人全部入狱,他的母亲便被囚于此监狱中。

汉承秦朝监狱制度,并在其基础上进一步发展,把监狱的设置、管

---

① 张俊民:《悬泉汉简:社会与制度》,兰州:甘肃文化出版社,2021年,第279-280页。

② 张俊民:《悬泉汉简:社会与制度》,兰州:甘肃文化出版社,2021年,第279页。

理以及对囚犯的分类、惩罚和劳作以律令形式确立,并逐步形成治理监狱的法规。如"优礼长吏",狱卒不得辱骂、殴打有罪的官员;"颂系之制",要求对老年的犯人和孕妇不得上刑;"呼囚录囚",若是含冤的囚犯仍可申请上诉。还有诸如"病给医药""听妻入狱""纵囚归家""孕妇缓刑"等,为后来中国古代监狱的管理奠定了基础。①

---

① 王吴军:《汉朝的监狱》,《检察日报》,2018年6月1日。

第二节 捕 律

>> 文物简介

　　该简完整，出土于额济纳河流域汉边塞遗址。木简一枚（出土编号335·11），长23厘米，宽1厘米，厚0.3厘米。简头以黑色圆点为始，"捕律"为题，墨色甚浓、字迹清晰、书写规整。于一简内只书写律文，律文于简内结束，明显是捕律的一条律文。

>> 简牍释文

　　·捕律：禁吏毋夜入人庐舍捕人。犯者，其室殴伤之，以毋故入人室律从事。

>> 阅牍延伸

　　《左传·昭公七年》载："昔武王数纣之罪以告诸侯曰：'纣为天下逋逃主，萃渊薮。'"[①] 这里说的殷纣王的罪行中，就包括收纳了方国们通缉的罪犯。可见，夏商之际就已经出现了追捕逃亡奴隶的记录。那么何为"捕亡"？《说文解字》："捕，

---

① 杨伯峻编著：《春秋左传注》，北京：中华书局，2018年6月（2020年3月重印）版，第1116页。

图 3-2　汉《捕律》佚文

取也。"① "捕"本义为捕捉、捉拿逃亡的罪犯。"亡"指逃亡。所谓"捕亡",即关于追捕罪犯及逃亡兵、丁、役等的规定。

捕亡制度关乎国家的稳定发展与治理秩序,因此,历朝历代皆设有相关捕亡机构与法律规范。根据长孙无忌之说,《捕亡律》应源自战国李悝所著《法经》,盗贼须劾捕,故著《网》《捕》二篇。此时尚未出现"捕亡"一词,而是归于"捕法"。考诸出土的秦汉简牍文书,汉代捕亡之法规分为《捕律》和《亡律》两篇。沈家本先生在《汉律摭遗》卷一按语说:"《捕律》之目,《晋志》无文,无以考之。"②现据张家山汉简《二年律令》,发现汉之《捕律》共列出了9条。总览全文,捕律的内容主要"说明捕得轻重罪人的各等奖金,以及追捕罪人的组织方式、奖惩办法"③。我们由此可见汉律中捕律的大致面貌,至北魏改捕律为捕亡律,并为唐所沿用。

值得庆幸的是在居延汉简中发现了相关的简文,可以补充《二年律令》中捕律之内容:"·捕律:禁吏毋夜入人庐舍捕人。犯者,其室殴伤之,以毋故入人室律从事。"该简完整,以"·"为始,显示其文字的独特性。同时,以"·捕律"为标题,表明其是《捕律》条目的一部分,简文内容是针对捕吏的禁令。大意为:政府官吏夜间禁入民宅捕人,犯者被杀之以无故入人室律论罪。汉律明确规定"无故入人室宅庐舍,上人车船,牵引人欲犯法者,其时格杀之无罪"。此条简需要格外关注的是,简文与《周礼》郑玄注中的引文非常接近。《周礼》卷三十五《秋官·朝士》:"凡盗贼军,乡邑及家人杀之无罪。"郑玄注:"郑司农云:谓盗贼群辈若军共攻盗乡邑及家人者,杀之无罪。若今时无故入人室宅庐舍,上人车船牵引人欲犯法者,其时格杀之,无罪。"大庭脩曾说:"简牍史料与

---

① 梁东汉主编:《新编说文解字》,太原:山西教育出版社,2006年,第642页。
② 徐世虹主编:《沈家本全集》(第四卷),北京:中国政法大学出版社,2009年,第163页。
③ 李学勤:《简帛佚籍与学术史》,赣州:江西教育出版社,2001年,第196页。

传世文献史料如此吻合,应当说是罕见之例。"① 从行文格式看,同样的律文并未在《二年律令·捕律》中出现,但从内容推测,本简是汉代"捕律"佚文应属无误。

此外,在敦煌也出土了类似的法律条文:"·捕律亡入匈奴外蛮夷、守弃亭鄣逢(烽)燧者、不坚守降之及从塞徼外来绛而贼杀之,皆要斩。妻子耐为司寇,作如。"此简仍以"·"为始、"·捕律"为标题,从行文格式看,很有可能是汉代《捕律》律文。从简文内容看,此律文的主旨涵盖了三种罪行:逃亡到匈奴、外蛮夷者;不坚守亭障烽燧而投降者;杀害边外来降者。对上述三种行为,都要处以腰斩的刑罚,其妻子也要连坐受罚"耐为司寇"。高恒认为:"《囚》《捕》篇,为劾、捕贼、盗的内容,是与断狱有关的法律。而现见到的这条汉《捕律》,与断狱无关,但却署为《捕律》,是否萧何著《九章律》中的《捕律》,尚需研究。"② 另外,朱红林指出:"这条材料当源于张家山汉简《二年律令☐盗律》。大致相同的内容,一在《盗律》,一在《捕律》,当是汉律不同时代修订的结果。"③

以《二年律令》为据,其所列9条律文中更多的是记录汉捕律中的罪名,以及缉捕人员应当具备的职责、购赏等规定。同时,西北出土汉简与《二年律令》的补充互证,为我们提供了西汉初年《捕律》的大致面貌,显示出古代捕亡制度在秦汉时期已奠定基础并为后世朝代相沿遵从。

---

① [日]大庭脩著,徐世虹等译:《秦汉法制史研究》,上海:中西书局,2017年,第61页。
② 高恒:《秦汉简牍中法制文书辑考》,北京:社会科学文献出版社,2008年,第161-162页。
③ 朱红林:《张家山汉简〈二年律令〉集释》,北京:社会科学文献出版社,2005年,第8页。

第三节 亡 律

文物简介

这是一份官文书,出土于额济纳河流域汉边塞遗址。木简一枚(出土编号20·12),长22厘米,宽1.8厘米,厚0.2厘米。从简文"官移大守府所移河南都尉"可推知,这是河南都尉向张掖太守所发的一份司法协助文书,事关"诏所名捕"私铸钱币、盗窃的罪犯。该简完整(四简缀合),墨色字迹较为清晰、书写规整。

简牍释文

元康元年十二月辛丑朔壬寅,东部候长长生敢言之候官。官移大守府所移河南都尉书曰:诏所名捕及铸伪钱、盗贼、亡未得者牛延寿、高建等廿四牒。书

到,㢠(A)

候史齐∨遂昌(B)

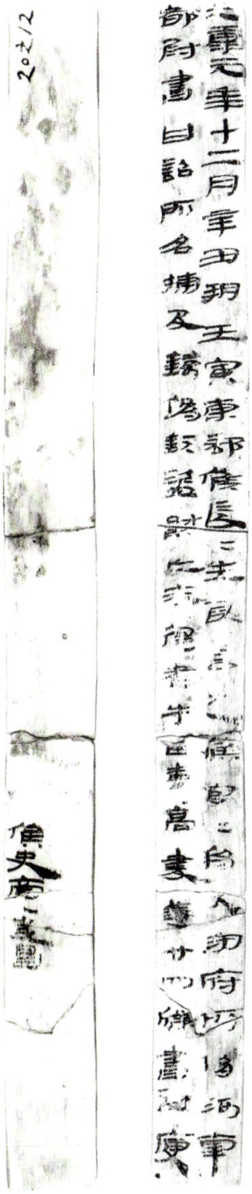

图 3-3 元康元年汉塞捕亡文书

阅牍延伸

"亡，逃亡，亦称'亡命'。《后汉书·吴汉传》李贤注：'命，名也，谓脱籍而逃亡。'"①《亡律》篇名仅存于汉世，此后朝代将《亡律》与《捕律》合在一起，称作《捕亡律》。至于《网律》之名，在秦汉简中并未看到。"网"从"亡"声，岳麓秦简有《亡律》长篇，《法律答问》和上揭三种汉律中也都有亡律，是当时重要的律种。因而，《晋志》所载《法经》"网律"可能为"亡律"之讹。②

关于《亡律》的含义，张伯元认为"亡律是有关逃亡方面的法律，逃跑的人有各种不同的情况"③。而"逃跑的人"又可具体分为："非法脱离户籍管辖的吏民、私自脱离主人的奴婢、逃脱的刑徒和隐匿逃亡者。"④概言之，亡律是关于惩罚逃亡者的规定，通常按逃亡时间的长短决定罪次及量刑。⑤

基于《二年律令》列次的《亡律》条文内容，秦汉《亡律》中的逃亡主体涉及逃人、逃犯、逃奴等不同身份⑥，同时对"藏匿亡人、娶亡人为妻、为亡人妻及做媒者皆有罪。雇佣亡人劳作者，以亡人罪次处以相应的赎刑。奴婢逃亡另有专门的规定"⑦。就汉代的"捕亡"方式而言，沈家本在《汉律摭遗》中主要罗列有"逮捕""收捕""疏捕""诏捕""逐捕""名捕"等若干类别。⑧根据现已公布的西北出土文献资料，已经整理出汉《亡

---

① 李均明：《张家山汉简所见规范人口管理的法律》，《政法论坛》，2002年第5期。
② 陈伟：《简牍再现秦至西汉早期的律典》，《光明日报》，2022年12月11日第5版。
③ 张伯元：《出土法律文献研究》，北京：商务印书馆，2005年，第103-104页。
④ 彭浩、陈伟、[日]工藤元男：《二年律令与奏谳书》，上海：古籍出版社，2007年，第153页。
⑤ 李均明：《秦汉简牍文书分类辑解》，北京：文物出版社，2009年，第162页。
⑥ 刘欣欣：《秦汉〈亡律〉分类集释》，湖南大学2017年硕士学位论文。
⑦ 李均明：《秦汉简牍文书分类辑解》，北京：文物出版社，2009年，第163页。
⑧ 沈家本：《历代刑法考》（第3册），北京：中华书局，1985年，第1504页。

律》有关的简共 33 枚（拼合后的简数）。① 现仅就西北汉简中所载的"捕亡"事例，做部分印证考察。

一、逐捕

例一：《建武五年候长原宪劾状》

案：宪斗伤、盗官兵、持禁物，兰越于边关徼亡，逐捕未得，它案验未竟。

此劾状简册在下编第二章第二节"官吏因私殴詈案"中有详细论述，简文内容主要是候长原宪杀伤主官夏侯谭后出逃的罪状，以及候官、令史等人对其逐捕的情况。

例二：《甘露二年丞相御史书》

诏有逐验大逆无道故广陵王胥御者惠同产弟、故长公主盖卿大婢外人，移郡大守，逐得试知外人者，故长公主大奴千秋等曰：外人一名丽戎，字中夫，前太子守观奴婴齐妻……。

《甘露二年丞相御史书》是丞相少史、御史守少史奉诏下达的文书抄件，故又称"逐验诏书"。② 通过简文，可以看到汉代在全国范围逐捕重大罪犯的全过程。从简文中"逐验"来看，"逐"即追，"验"即查验，"逐验"即追查案验之意。因此，"逐捕"与"追捕"，可能是一事二名。

二、追捕

例如居延新简：

☑□多不能奉言，毋以明，书到，亟遣追捕，多吏卒

此简虽残，但简文大意可知，作为上级发文，要求"书到"，立即派遣大量吏卒对逃犯进行追捕。

---

① 刘欣欣：《秦汉〈亡律〉分类集释》，湖南大学2017年硕士学位论文。
② 关于《甘露二年丞相御史书》的详细论述，参见[日]大庭脩著，徐世虹等译：《秦汉法制史研究》，上海：中西书局，2017年，第101-110页。

三、名捕

例一：

名捕平陵德明里李蓬字游君年卅二、三　坐贼杀平陵

游徼周勒攻□□市贼杀游徼业谭等亡为人奴□①

该简上栏书写"名捕"犯人李蓬的个人信息，"坐"以下为罪状。张功先生说，为了躲避惩罚而逃亡者为"罪人亡"。② 由此来看，李蓬应属"罪人亡"，依律要加重处罚。据《汉书·百官公卿表上》所载，秦汉时期"游徼"的职责是"徼循禁贼盗"，平陵德明里李蓬却攻击、故杀专缉盗贼的执法人员，属于公然挑衅汉王朝政权，故"名捕"之。

例二：

☑朔乙酉，万岁候长宗敢言之，官下名捕诏书曰：□□不知何七男子，共贼燔男子李

☑强盗兵马，及不知何男子，凡六十九人，黠谋更相□□怨攻盗贼燔人舍，攻亭

此简是万岁候长向候官报告有关"名捕"的上行文书，简文复述了"名捕诏书"的内容。通缉犯为"贼燔""强盗兵马"的七名男子，以及"凡六十九人，黠谋"，故意烧杀劫掠、攻击乡亭的案件，因性质极其恶劣，故朝廷下发"名捕诏书"予以通缉。不过被通缉之人的名籍为"不知何"。可见，汉代的"名捕"不一定必须指名道姓，也可能因事（罪）而缉捕。

例三：

元康元年十二月辛丑朔壬寅，东部候长长生敢言之候官。官移大守府所移河南都尉书曰：诏所名捕及铸伪钱、盗贼、亡未得者牛延寿、高建等廿四牒。书

到，廋（A）

---

① 谢桂花、李均明等：《居延汉简释文合校（上册）》，北京：文物出版社，1987年，第186页。

② 张功：《秦汉逃亡犯罪研究》，长沙：湖北人民出版社，2006年，第1页。

候史齐√遂昌（B）^①

"元康"是西汉宣帝的年号，"诏所名捕"指皇帝下诏逮捕，多适用于那些谋叛或其他大案的人犯，一般特派专使下达人犯所在郡国。^②此简是元康年间，居延东部候长向候官汇报"名捕诏书"执行情况的报告。简文所记要求"诏所名捕"的是私铸伪钱并逃亡的盗贼牛延寿、高建等人犯。据大庭脩先生推测，在该简的前面，应有具体书写犯罪内容与犯人特征的诏书，这点在居延出土的《甘露二年丞相御史律令》中可以得到佐证。至于张掖太守府通过居延都尉、甲渠候官下达的搜查"诏所名捕"铸伪钱盗贼在逃犯的命令，应在后面的简上。^③

不难发现，虽然"名捕"的捕罪方式有"诏所名捕""名捕诏书"和"名捕"，但其含义基本相同，均指以诏书的形式列名追捕逃犯。如《汉书·鲍宣传》："时名捕陇西辛氏"，颜师古注："诏显其名而捕之。"《后汉书·光武纪》李贤注："诏所名捕，云诏书有名而特捕者。"由此可见，"名捕"是皇帝诏令指名（或指事）通缉的一种捕罪方式。所谓"名捕诏书"亦是封建政权中央一级发布的通缉令。^④不过，《甘露二年丞相御史书》中的"逐验诏书"则是在侦缉罪犯的过程中产生的，即"逐验诏书"是执行"名捕诏书"的产物。^⑤

需补充的是，中国科学院考古所徐元邦、曹延尊之文对"诏所名捕"有所论述，他们认为："诏所名捕和诏所逐验二者有共性也有区别，前

---

① 本简简文释读及句读参见[日]大庭脩著，徐世虹等译：《秦汉法制史研究》，上海：中西书局，2017年，第111页。由简牍整理小组编：《居延汉简（壹）》，"中研院"历史语言研究所，第70页的简文释读，"移"为"牒"、"满"为"廋"。

② 宋国华：《从出土文献看秦汉时期刑事司法协助的请求》，载简帛网：2007年11月6日，http://m.bsm.org.cn/?hanjian/4956.html。

③ [日]大庭脩著，徐世虹等译：《秦汉法制史研究》，上海：中西书局，2017年，第111页。

④ 罗鸿瑛：《简牍文书法制研究》，香港：华夏文化艺术出版社，2001年，第464页。

⑤ 罗鸿瑛：《简牍文书法制研究》，香港：华夏文化艺术出版社，2001年，第464页。

者明确被通缉者所坐刑律及其已定罪名,确定其为罪犯,后者则是暂不能确定其罪行,但又怀疑和某一案件有牵连或是知情人。这就要详查细找逐验此人,找到后再进行查证。"① 秦汉之世,"事皆决于法"。汉律虽多散佚,但那些2000多年来深埋于砂砾中的汉代简牍,为我们揭示、了解秦汉律令体系,提供了可能。

---

① 徐元邦、曹延尊:《居延新出土的甘露二年"诏所逐验"简考释》,《考古与文物》,1980年第3期,第96页。

第四章

杂律、具律

第一节 杂 律

文物简介

1990年出土于敦煌悬泉置遗址,时代大约在王莽至东汉初期。木简一枚(出土编号ⅡDXT0112②:8),长23.1厘米,宽0.65厘米,厚0.15厘米。本简为红柳,下残,简文内容与张家山汉简《二年律令·杂律》192简的记录颇为接近,因之推测,该简是汉代《杂律》的条文。简文所记,即汉律对和奸的处罚是"完为城旦舂"。不过,较之于张家山汉简《二年律令》的条款,悬泉置所出的条款在最后增补了"其夫居官"情形下的惩罚措施,只是由于该简下部残断,今人无从得知。现藏甘肃简牍博物馆。

简牍释文

·诸与人妻和奸,及所与□为通者,皆完为城旦舂;其吏也以强奸论之。其夫居官……

图4-1 汉《杂律》佚文

阅牍延伸

"悝撰次诸国法,著《法经》……其轻狡、越城、博戏、借假、不廉、淫侈、踰制以为杂律一篇。"①《二年律令·杂律》列出了12条律文,内容基本与《晋书·刑法志》所述相同。沈家本在《历代刑法考》中所列《杂律》条目有"假借、不廉、呵人受钱、使者验赇"。简文所见则包括越院墙、擅赋敛、博戏夺财、强质,而更多的条款是关于性侵犯的规定及其刑罚。②由是观之,杂律因杂而得名,专列性质不宜列入其他各篇的法规,较集中的是奸罪。

根据现已整理公布的西北出土汉简,王旺祥所辑录的《杂律》内容包括"毋益之罪、督隧掾条、府记律令、发流民、兄弟丧、禁酤酒群歙者、上亭饮酒、掌酒者、息子身行寿觞酒以毕称千岁万□、与人妻和奸、隆格法、毋嫁娶过令、更嫁母、告广嫁事、请天数具、休假令、兵令"③。不过,对照沈氏及《二年律令》简文所涉条目,发现尚有以下几枚汉简可做《杂律》之补充。

一、苛人受钱

☐谷删丹故吏赵回邪相锂放蔡☐
☐☐忠苛人受钱臧三百以上告☐④

汉代"苛人受钱"罪名见于不同史料,有"苛人受钱"亦有"呵人受钱",其实为何?诸说不一。《说文解字·叙》中提及"苛人受钱"⑤,对此罪名,注家多认为"苛"与经史"呵""诃"字例同义。⑥经张传玺先生翔实考证,

---

① [唐]房玄龄等:《晋书》,北京:中华书局,1974年,第992页。
② 李均明:《秦汉简牍文书分类辑解》,北京:文物出版社,2009年,第156页。
③ 王旺祥:《西北出土汉简中汉代律令佚文分类整理研究》,西北师范大学2009年博士学位论文。
④ 李迎春:《居延新简集释(三)》,兰州:甘肃文化出版社,2016年,第94页。
⑤ [清]段玉裁:《说文解字注》,北京:中华书局,2013年,第770页。
⑥ 张传玺:《汉"苛人受钱"及其法律规制试探》,《四川大学学报(哲学社会科学版)》,2022年第2期。

"《晋书·刑法志》'呵人受钱'之'呵'或许为后人改动,以附和经史"①。也就是说,"此罪名可能自始写作'苛人'"②,即"苛人受钱"。而且汉晋之世,根据"是否以罪名苛人"将苛人受钱分为两种:一为"以罪名苛人",入律上"受赇"罪名;二为"不以罪名苛人",入令上"苛人受钱"罪名。③

沈家本《汉律摭遗》所列《杂律》条目中可见"呵人受钱"罪名,并在其下按语曰:"无事可证,缺之。"④有赖于居延新简的整理公布,我们得见"苛人受钱"的汉简罪例。

本简上下皆残,导致文义存有不明之处。简文中的"故吏"一词,值得注意。"'故吏',即旧吏、原来的吏,根据其所指对象的不同,这一称谓在秦汉时期至少有三种内涵。"⑤据李迎春考证,此简中的"故吏",可能指"曾经做过但现已不是官吏的人,即'前为官职者'"⑥。从现有简文推测,汉代"苛人受钱"罪记赃不同于以往赃罪"与盗同法""坐赃为盗"的方式,而是以"臧三百以上"为记赃上限。⑦结合前文张传玺苛人受钱的分类可知,"忠所犯的正是'不以罪名苛人'的侠义的'苛人受钱'"⑧。

---

① 张传玺:《汉"苛人受钱"及其法律规制试探》,《四川大学学报(哲学社会科学版)》,2022年第2期。
② 张传玺:《汉"苛人受钱"及其法律规制试探》,《四川大学学报(哲学社会科学版)》,2022年第2期。
③ 参见张传玺:《汉"苛人受钱"及其法律规制试探》,《四川大学学报(哲学社会科学版)》,2022年第2期。需说明,张传玺认为沈家本将"呵人受钱"归入《具律》,不确。他认为汉代以令新创苛人受钱罪名和独立的记赃量刑等级。
④ 沈家本:《历代刑法考(三)》,北京:中华书局,1985年,第1516页。
⑤ 李迎春:《汉代的"故吏"》,《历史教学》,2008年第18期。
⑥ 李迎春:《汉代的"故吏"》,《历史教学》,2008年第18期。
⑦ 张传玺:《汉"苛人受钱"及其法律规制试探》,《四川大学学报(哲学社会科学版)》,2022年第2期。
⑧ 张传玺:《汉"苛人受钱"及其法律规制试探》,《四川大学学报(哲学社会科学版)》,2022年第2期。

二、擅赋敛

坐簿书责直为擅赋臧二百五十以上……①

此简中的"擅赋",当指"擅赋敛",在张家山汉简《二年律令》中有"擅赋敛者,罚金四两,责所赋敛偿主",并将其归为《杂律》。可见,关于"擅赋敛"的条文在汉初即被归为《杂律》。虽然该简中有未能判读的字,文义不甚明确、年代无法确定,但根据汉代律令简牍惯例,缺失部分的文字应是对"擅赋赃二百五十以上"的处罚的记载。

虽因该简残缺不能知其全貌,但作为汉律佚文,其仍值得关注。"坐",即坐罪。由"簿书"可知,这是一种有据可循的官方征敛行为。关于"擅赋敛",《注律表》曰:"敛人财物,积藏于官,为擅赋。"②徐世虹先生认为:"赋敛一旦超出制度规定,擅自敛人钱财,即使所敛入官,亦属擅赋。"③另外,《唐律疏议·户婚律》规定:"若非法而擅赋敛及以法赋敛而加益者,赃重入官者,计所擅,坐赃论;入私者,以枉法论,至死者加役流。"④唐律中的"擅赋敛"已分为"赃入官"与"赃入私"两类,有学者指出这种区分情节为"入官""入私"及"既有入官又有入私"的规定,"应该也是从汉律发展而来"。⑤据此可推测,"擅赋敛"是官吏以官方名义擅自征敛的行为,所赋敛有入官有入私。

---

① 杨眉:《居延新简集释(二)》,兰州:甘肃文化出版社,2016年,第32页。
② [唐]房玄龄等:《晋书》卷三十《刑法志》,北京:中华书局,1974年,第929页。
③ 转引自彭浩、陈伟、[日]工藤元男:《二年律令与奏谳书》,上海:上海古籍出版社,2007年,第164页。原文参见徐世虹:《张家山二年律令简所见之损害赔偿规定》,《华学》第6辑,北京:紫禁城出版社,2003年。
④ [唐]长孙无忌等著,岳纯之点校:《唐律疏议》,上海:上海古籍出版社,2013年,第211页。
⑤ 张娜:《读〈汉律考〉札记九则》,参见王沛主编:《出土文献与法律史研究》第4辑,上海:上海人民出版社,2015年。

目前所见其他官吏赃罪如"受所监"等,在景帝及之前史料中是参引盗罪,之后则以"二百五十以上"为计赃上限。① 该简应如是,"赃二百五十以上"为"擅赋"的计赃上限。故此,李均明先生认为此简中"擅赋赃"是擅自给予而使官方或他人损失财物,并将"擅赋赃"列为汉杂律之条目②,似有可商榷之处。此简中的"擅赋赃","擅赋"指"擅赋敛"之行,"赃"字应下读,为"赃二百五十以上",似更为妥当。

此外,据郭家鹏考证《长沙尚德街东汉简牍》所得,东汉时期涉及赋敛的官吏赃罪有"擅赋""盗赋""强赋",其区分描述的或许就是赋敛中的不同情形。"盗赋"或指"擅赋"之外的另一罪名,指"擅赋"中非法赋敛、赃财"入己"的情形,"强赋"则有威胁强迫的情节。但无论是盗是强,均是官吏以赋敛名义进行的,这也反映了汉律中涉"赋"罪名划分的精细程度。③

三、与人妻和奸

据统计,现已公布的张家山汉简《二年律令·杂律》简共12条,性犯罪相关的内容较多,共4条。其中两条与"奸"罪行为相关,在西北汉简中亦有所反映。现将其摘录如下:

诸与人妻和奸,及其所与皆完为城旦舂。其吏也,以强奸论之。

强与人奸者,府以为宫隶臣。

前文述及,王旺祥所辑录的《杂律》内容有"与人妻和奸"条目,其所依据的汉简"·诸与人妻和奸,及所与□为通者,皆完为城旦舂,

---

① 张传玺:《汉"苟人受钱"及其法律规制试探》,《四川大学学报(哲学社会科学版)》,2022年第2期。
② 刘海年、杨一凡主编:《中国珍稀法律典籍集成》甲编第二册,李均明、刘军主编《汉代屯戍遗简法律志》,北京:科学出版社,1994年,第218页。
③ 郭家鹏:《长沙尚德街东汉简牍》校读札记二则,载简帛网2021年11月15日,http://www.bsm.org.cn/?hanjian/8482.html。

其吏也以强奸论之。其夫居官☐"。除此之外，张俊民先生对悬泉汉简中的汉律令条目，亦有翔实考证。①他认为"悬泉汉简中可以比附的律目比较少"②，明确存在的律目中《杂律》算其一，且所涉两简均与汉代的"奸"罪有关。其一是王旺祥所引"与人妻和奸"条，其二是"・强与人奸者及诸有告劾若辞诉讼者与奸者皆髡以为城旦其以故枉法及吏强奸驾罪一等所枉"（ⅡT0112①B：54）③。

仅从简文内容来看，"诸与人妻和奸条"与张家山汉简《二年律令》192简的内容非常相似。只是一个用字较多，一个用字较少。而"强与人奸者"条的内容则与《二年律令》193简的差异较大。张俊民认为这两简除了"文字差异外，还与简牍及其所反映的时代有关"。④比如，同样是"强与人奸者"，根据张家山汉简193简所载，处罚结果是"府以为宫隶臣"，此处"府"为"腐"，即宫刑，是汉代仅次于死刑的刑罚。《汉书·景帝纪》注引如淳曰："腐，宫刑也。丈夫割势，不能复生子，如腐木不生实。"即汉初对男性的奸非犯罪，处以宫刑并为宫中的奴隶。然而，ⅡT0112①B：54简的记录仅仅是"髡以为城旦"，即剃光犯人的头发和胡须后服役筑城，不再受宫刑之苦。对于两简处罚结果的不同，张俊民指出"这种差异形成的主要原因应该是文帝废肉刑的结果"⑤。

由于悬泉汉简多在宣帝之后，张家山汉简多在文帝之前，从两种汉简内容的差异中，亦可窥探汉代刑法演变之一二。同样地，《唐律·杂律》"和奸无妇女罪名"条："诸和奸，本条无妇女罪名者与男子同。强者，妇女不坐。其媒合奸通，减奸者罪一等。"可见，对于和奸罪之处罚，唐律当承自汉律。

---

① 参见张俊民：《悬泉汉简：社会与制度》，兰州：甘肃文化出版社，2021年。
② 张俊民：《悬泉汉简：社会与制度》，兰州：甘肃文化出版社，2021年，第278页。
③ 简文引自张俊民：《悬泉汉简：社会与制度》，兰州：甘肃文化出版社，2021年，第278页。
④ 张俊民：《悬泉汉简：社会与制度》，兰州：甘肃文化出版社，2021年，第278页。
⑤ 张俊民：《悬泉汉简：社会与制度》，兰州：甘肃文化出版社，2021年，第278页。

第二节　具　律

文物简介

1990年出土于敦煌悬泉置遗址，木简一枚（出土编号Ⅱ90DXT0115③:78）。本简为红柳，完整，墨色字迹清晰，横截面是等腰三角形的三棱觚，长23.8厘米，宽1.6厘米，厚0.5厘米。本简所录文字主要是对诏品的补充，即进一步说明何种罪行不得"入钱赎罪"。具体包括已论罪判决的盗罪、"受赇所监临"，以县官事贼伤吏、吏父母、吏妻子、吏同产，贼伤人、䌛人、眎人，折枳、齿、指、体，断决鼻、耳等。对于这些犯罪行为以外的其他罪行，则可以通过"入钱赎罪"的方式免罪而为庶人。现藏甘肃简牍博物馆。

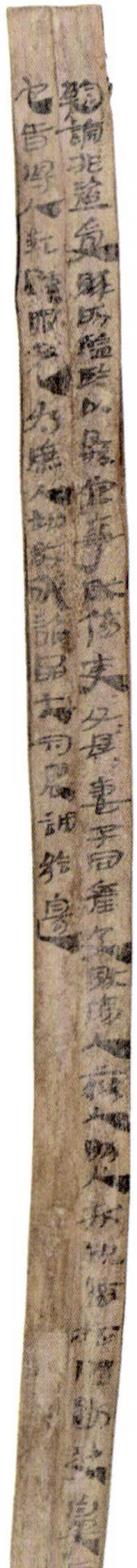

简牍释文

鞫论非盗、受赇所监临、以县官事贼伤吏、

图4-2　汉代不得"入钱赎罪"诏品补充文书简

吏父母、吏妻子、同产及贼伤人、䑗人、眮人，折枳、齿、指、体，断决鼻、耳，

它皆得入钱赎罪，免为庶人。如前版诏品大司农调给边

阅牍延伸

今天，当我们翻开《中华人民共和国民法典》或《中华人民共和国刑法》时，首先映入眼帘的便是其总则部分，这对很多法科学生而言是习以为常之事。但若深入了解其源流，就发现我国法典编纂体例的这一改变，经历了漫长的历史过程。

就其性质而言，现代法律中的"总则"部分与我国传统时期刑法典中的《具律》相类。据《晋书·刑法志》载："悝撰次诸国法，著《法经》。……以《具律》具其加减。"[①]需要说明的是，此处《具律》即李悝《法经》六篇之末篇《具法》。汉初萧何定律九章，称《具律》列次第六；《二年律令》中，列次第三。魏时"改具律为刑名，置于首篇"，晋时将其分为"刑名"与"法例"两篇，置于首、次两篇。南北朝时的宋、齐、梁、后魏皆如此。北齐时将其再并为一，称"名例"，北周复称为"刑名"，隋因北齐更为"名例"，唐沿袭之。《唐律疏议》第一篇即"名例"，其内容主要为"刑名"和"法例"。所谓"名者，五刑之罪名；例者，五刑之体例"。也就是说，"名例"篇所包含的内容多为关于定罪、量刑的一般性原则，因此必须置于整部法典的首篇。李均明根据《二年律令·具律》简文认为："具律是关于诉讼关系中量刑准则等的规定。"[②]在经历了1400多年岁月的流变后，汉代《具律》早已换成了"总则"的模样出现在了法典之中。

西北汉简作为以边地屯戍为主的档案，鲜见律令简。正如张俊民所言，

---

① 周东平主编：《〈晋书·刑法志〉译注》，北京：人民出版社，2017年，第126-131页。

② 李均明：《秦汉简牍文书分类辑解》，北京：文物出版社，2009年，第157页。

西北汉简中除了《贼律》，可以比附的其他律目比较少。对照《二年律令·具律》简文所见，汉代的《具律》应"涉及对不同身份地位人士加减刑、不同罪等的换刑、赎刑及赎金标准的规定等"①。而作为西汉中后期的悬泉汉简，有一条关于赎罪的记录文书，为我们考察汉代的"赎罪"之制、汉之《具律》都提供了难得的素材。

本书所讲简牍，虽然简文并无"具律"字样，但从本简所记录的"入钱赎罪"来看，应与汉代的"赎刑"有关。结合《二年律令》简文，本书中的"人""眝人"，应该是"变人"和"人"。"变"，流产。"变人"即指使人流产；"眝人"则是致人眼盲。简文大意是，已论罪判决的盗罪，"受赇所监临"，以县官事贼伤吏、吏父母、吏妻子、吏同产，故意伤人、使人流产、致人眼盲，折枳、齿、指、体，断决鼻、耳等的罪行都不得"入钱赎罪"。除此之外的犯罪行为均可通过"入钱赎罪"的方式，免罪而为庶人。

对照《二年律令·具律》条文，发现并没有"入钱赎罪"相关的律目。该简虽年代不明，但其有关赎罪的记录，可补张家山汉简之不足，为我们进一步考察汉代的"赎罪"提供了宝贵材料。

关于汉代的赎罪标准，张家山汉简119简记："赎死，金二斤八两。赎城旦舂、鬼薪白粲，金一斤八两。赎斩、府（腐），金一斤四两。赎劓、黥，金一斤。赎耐，金十二两。赎䙴（迁），金八两。"在居延汉简中也出现了部分明确的赎罪标准，如：

大司农臣延奏罪人得入钱赎品

赎完城旦舂六百石　　直钱四万

髡钳城旦舂九百石　　直钱六万

从简文看，完城旦舂的赎罪标准是钱六万，髡钳城旦舂是四万。所谓的"入钱赎罪"已经发生了变化，可以用粮食代替，（粟）九百石值

---

① 李均明：《秦汉简牍文书分类辑解》，北京：文物出版社，2009年，第157页。

钱六万。①

此外,《二年律令·具律》中记载:"证不言请(情),以出入罪人者,死罪黥为城旦舂,它各以其所出入罪反罪之。狱未鞫而更言请(情)者,除。"汉简中多见与"证不言情"相关的残简,亦可归入具律条。如:

证不言请臧五百以律辨告乃讯□等皆辤曰驴马故死

☑满三日而不更言请(情)书律辨告,乃验问

□故不以实,臧(赃)二百五十以上令辨告□

汉律规定,在审理开始时由主审官向当事人宣读相应律令,此所谓"辨告"。从许多简例中可以看出,证人的义务是如实作证,因此讯问证人前要向其宣读"证不言请(情)律",即上举数简例。大量的汉代出土简牍表明,证不言情罪在汉代已广泛适用。

如刘欣宁所言,在秦汉诉讼关系中,"告之程序与证之程序相仿"都以言辞进行②,不论是原告(告讼者)还是证人,都有"辨告"的程序要求。主审官所"辨告"(宣告)的律文因当事人诉讼中的身份、义务不同,而有所区别。汉律规定之完备,由此可见一斑。

---

① 张俊民:《悬泉汉简:社会与制度》,兰州:甘肃文化出版社,2021年,第290页。
② 刘欣宁:《秦汉诉讼中的言辞与书面证据》,收入李宗焜主编《古文字与古代史》(第五辑),台北"中央研究院"历史语言研究所,2017年。

第五章 户律、兴律、厩律

第一节 户 律

文物简介

1973年出土于破城子探方五。木简一枚（出土编号EPT5：33），两行书写，左侧残毁过甚，该简上下均残，墨色稍淡，字形较大，字迹清晰、略有残泐。简长8.2厘米，宽1.2厘米，厚0.2厘米。简文所记录的文字与汉代的立嗣、继承制度有关。高恒认为："这支简虽未署名为'律'，但无论从内容，还是从其行文语气来看，都似一条法律条文，属汉'户律'。"[①] 现藏甘肃简牍博物馆。

简牍释文

☐同产子，皆得以为嗣，继统☐

阅牍延伸

据《晋书·刑法志》载："汉承秦制，萧何定律，除参夷连坐之罪，增部主见知之条，益事

图5-1 汉《户律》佚文

---

① 高恒：《秦汉简牍中的法制文书辑考》，北京：社会科学文献出版社，2008年，第147页。

律兴、厩、户三篇合为九篇。"①此三篇事律，亦早亡佚。现仅据西北出土汉简，结合《二年律令》《汉律摭遗》等文献，对这三篇事律试做初步分析。

《户律》在睡简中未见，沈家本亦无考证，程树德《九朝律考》中将其作为汉九章律中的一篇。《晋书·刑法志》及《唐律疏议》均有《户律》篇名，但其均未载该律的具体条目。在《二年律令》中共列出户律22条，简文所见主要涉及"申报户口、规定各级爵位拥有田地屋宅的数额、户籍管理，乃至财产分配、遗产继承等民事关系"②。《唐律疏议》卷十二对于《户律》篇名自汉至唐的变更，有如下说明："汉萧何承秦六篇，加厩、兴、户三篇。迄至后周皆名户律。北齐以婚事附之名为婚户律。隋开皇以户在婚前，改为户婚律。"这一说明中可以看出，汉代《户律》可能并不包括婚事的规定。③我们现以西北边塞出土汉简为例，一窥汉代的户籍与继承问题。

一、户籍管理

《周礼·司民》："掌登万民之数，自生齿以上，皆书于版。"由此可见，汉以前已有"占年之制"。所谓"占年"，即申报年龄。据李均明先生考证，汉代人口管理采取居住地登记原则，所登记的项目包括姓名、性别、年龄、爵级、健康状况，其中前四项不可或缺。④今虽未见汉代户籍原件，但据出土的屯边田卒、戍卒简亦可以窥见户籍简的大概样貌。如：

田卒平干国张榆里簪褭吕儋年卌二　（竹简）

---

① 周东平主编：《〈晋书·刑法志〉译注》，北京：人民出版社，2017年，第132-133页。
② 李均明：《秦汉简牍文书分类辑解》，北京：文物出版社，2009年，第158页。
③ 高恒：《秦汉简牍中的法制文书辑考》，北京：社会科学文献出版社，2008年，第145页。
④ 李均明：《秦汉简牍文书分类辑解》，北京：文物出版社，2009年，第170页。

戍卒汝南郡召陵仓里宋猜　年廿五　　　（竹简）
戍卒梁国己氏泗亭里□当时年□三　　（竹简）
觻得骑士万年里李喜
田卒魏郡犁阳南利里大夫丘汉年廿三　　长七尺二寸黑色
□成汉里公乘章严年十九·葆姑臧休神里任昌年卅五字幼□

以上数简记录了边塞将士们的基本身份信息。如户籍所在里名、姓名、年龄、肤色等。前文述及，汉代人口管理由居住地登记。根据汉律规定，户籍信息应由乡级政府专门的小吏负责收录。如：

本始二年八月辛卯朔戊申居延户曹佐□
户曹言　　龙勒辟男子侯放秩钦定里写谓□□　　　　□
始建国三年十一月丁亥朔壬子户曹史党敢言之甲子胡兼自言大尉
□……大尹府愿以令取传谨案户籍臧官者

简文中的"户曹"，便是专门负责户籍管理的小吏。此外，汉律还允许人口合理迁徙，不过须办理有关手续。据悬泉汉简所记，迁徙民由官吏统一押送有组织进行。如：

建始二年三月戊子朔乙巳氐池长延寿移过所遣传舍佐曹就为诏送徒（徙）民敦煌郡乘轺车一乘马一匹当舍传舍　　四月无己亥日，当为己巳
　从者如律令　/掾长令史临佐光·四月己亥过西①

而这些统一迁徙的人们被称为"客民"或"新斩民"，如"常及客民赵闳、范翕等五人俱亡"，又如"新占民居延临仁里赵良"。

当然，汉代《户律》是关于户籍的管理规定，不仅在于管控人民、收取赋税，还在于防止庶民、士卒逃亡。可以说对于基层治理、社会稳定发展，《户律》产生了积极的作用，这主要体现在"汉初数十年间在册人

---

① 甘肃简牍博物馆等编：《悬泉汉简（贰）》，上海：中西书局，2020年，第34页。

口数剧增，造就了文景时期的社会稳定，同时为汉武盛世奠定了基础"①。

二、遗嘱继承

除了户籍管理，财产分配、遗产继承等民事关系是汉户律调整的另一重要关系。据《汉书》卷十二《平帝纪》载："（平帝元始元年春正月）又令诸侯王、公、列侯、关内侯亡子而有孙若子同产子者，皆得以为嗣。"②由"同产子者，皆得以为嗣"很容易让人联想到《居延新简》："☐同产子，皆得以为嗣，继统☐。"

高恒说"这支简虽未署名为'律'，但无论从内容，还是从其行文语气来看，都似一条法律条文，属汉'户律'。"③简文所谓"同产"，颜师古曰"同产，兄弟也。同产子，即兄弟子也"④，犹如现代的"侄子"。又，《后汉书·孝明帝本纪》："同产，同母兄弟也。"⑤至于"继统"，语出《汉书·昭帝纪赞》："昔周成以孺子继统，而有管蔡四国流言之变。"⑥其意为继承帝统、继承正统。此处，应指继承宗族世统。据此，该简可以理解为：（在本人没有嫡传子的情况下）同一母亲生的兄弟，都可以继承世统。高恒认为："这一规定对于本人无子者得以继续维系以血缘关系为纽带的宗族，具有重要意义。"⑦

此外，关于财产的"遗嘱继承"问题，其实早在汉代就有明确规定。如《二年律令》简337："民欲先令相分田宅、奴婢、财物。乡部啬夫身听其令，皆叄半券书之，辄上如户籍。有争者，以券书从事；毋券书，勿听。

---

① 李均明：《简牍法制论稿》，桂林：广西师范大学出版社，2011年，第176页。
② 《汉书》卷十二《平帝纪》。
③ 高恒：《秦汉简牍中的法制文书辑考》，北京：社会科学文献出版社，2008年，第147页。
④ 《汉书》卷七十二《龚胜传》颜师古注。
⑤ 《后汉书》卷二《明帝纪》李贤注。
⑥ 《汉书》卷七《帝纪》。
⑦ 高恒：《秦汉简牍中的法制文书辑考》，北京：社会科学文献出版社，2008年，第148页。

所分田宅,不为户,得有之,至八月书户。留难先令,弗为券书,罚金一两。"从简文来看,人们可以通过遗嘱的形式对田宅、奴婢、财产等财产进行分配,立遗嘱时要有基层官吏直接参与,并且要到官府进行"券书"登记。这与今日遗嘱继承中的见证人制度和公证制度颇为相似。[1]令人惊喜的是,在居延边地出土了与内容非常相似的汉简:"□知之,当以父先令、户律从□。"[2]

所谓"先令",颜师古曰:"先令者,预为遗令也。"江苏仪征胥浦汉墓出土的《高都里朱凌先令券书》则印证了《户令》在司法实践上的落实,足见汉代遗嘱继承方式应用之广泛。虽然就制度本身而言,传统的中华法系已告解体,但从民众的法律观念和社会的法律认知看,今日之继承问题无不深受传统法律的深刻影响。

---

[1] 邱唐:《遗嘱继承的古今之变》,《检察日报》2022年1月19日。
[2] 谢桂华、李均明、朱国炤:《居延汉简释文合校》,北京:文物出版社,1987年,第314页。

第二节　兴　律

文物简介

本简出土于额济纳河流域汉边塞遗址 A8 破城子。木简一枚（出土编号 282·14），长 16 厘米，宽 1 厘米，厚 0.4 厘米。该简上残，仅存三字，简首墨迹残泐不好辨认，简身墨色字迹清晰，有烧痕。简文所记录的文字"律兴作"，可能与汉代的《兴律》有关。

简牍释文

☐律：兴作

阅牍延伸

《兴律》在汉代法律体系中占有重要地位。《说文解字》云："兴，起也。《广韵》曰：'盛也，举也。善也。'《周礼》六诗，曰比，曰兴。兴者托事于物。"其本义是一起用力举起，后多引申为"起来、发动"之意。比如"军兴""乏兴""兴兵动众"等词语，都与众人一起发动军事活动相关。作为《九章律》的一部分，《兴律》由萧何在秦法的基础上增订而成。

据《唐律疏议·卷十六》载："擅兴律者，汉相萧何创为兴律。魏以擅事附之，名为擅兴律。

图 5-2　汉代律条佚文

晋复去擅为兴。又至高齐改为兴擅律。隋开皇改为擅兴律，虽题目增损随时沿革，原其旨趣意义不殊。"①

张家山汉简《二年律令》有《兴律》篇，简文所见涉及案件上报、屯戍、徭役稽留、失职等行为的惩罚。就其适用对象而言，李学勤认为："《兴律》是针对当戍、当奔命、已徭及车牛当徭使而不尽义务，和守隧不负责任的人。"②不过，就目前所见的《兴律》条文中，似未见明显与军兴有关的内容。沈家本《汉律摭遗》所列《兴律》条目有"上狱、考事报谳、擅兴徭役、乏徭、稽留、烽燧"③，同样未见军兴条目，而是将其归入《厩律》之中。④

《汉律》中未见与"兴""擅"直接相关的律文，但文献保存有一定依律定罪的材料。⑤虽然西北汉简鲜见《汉律》的律令条文，但也偶有残存。比如《居延汉简释文合校》282·14记："☐律：兴作。"李均明认为"此简或为汉兴律残文"⑥。由于河西边地是汉王朝对抗匈奴的前沿阵地，故而多见的是与"兴律"相关的军事活动记录。如：

狱至大守府绝匿房谊辞起居万年不识皆故劾房谊失寇乏兴敢告之谨先以不当得告诬人律辩告乃更

今将告者诣狱长孟女已愿以律移旁近二千石官治以律令从事敢言之⑦

---

① 刘俊文：《唐律疏议笺解》，北京：中华书局，1996年，第1159页。
② 彭浩、陈伟、[日]工藤元男主编：《二年律令与奏谳书》，上海：上海古籍出版社，2007年，第242页。
③ 沈家本：《历代刑法考》，北京：中华书局，1985年，第1589-1598页。
④ 沈家本：《历代刑法考》，北京：中华书局，1985年，第1619-1621页。
⑤ 孙文博：《秦汉"军兴"、〈兴律〉考辨》，《南都学刊（人文社会科学学报）》，2015年3月第2期。
⑥ 刘海年、杨一凡主编：《中国珍稀法律典籍集成》甲编第二册，李均明、刘军主编《汉代屯戍遗简法律志》，北京：科学出版社，1994年，第107页。
⑦ 本简原文参见甘肃简牍保护研究中心、甘肃省文物考古研究所、甘肃省博物馆、中国文化遗产研究院古文献研究室、中国社会科学院简帛研究中心编：《肩水金关汉简（贰）》，上海：中西书局，2012年。补释"乏兴"一词，参见雷倩：《肩水金关汉简73EJT21∶59简文蠡测》，简帛网2022年7月11日，http：//www.bsm.org.cn/? hanjian/8740.html。

简文中的"乏兴",即"乏军兴"。《急就篇》颜师古注:"律有乏兴之法,谓官有所兴发而辄稽留,乏其事也。""军兴"是军事动员及物资调集时常常使用的词语,与"从军"关系密切。①例如:《周礼·地官·旅师》载"平颁其兴积",汉郑玄注"县官征聚物曰兴,今云军兴是也";《尚书·费誓》曰"峙乃糗粮,无敢不逮,汝则有大刑",孔安国注"皆当储峙汝糗糒之粮,使足食,无敢不相逮及,汝则有乏军兴之死刑",孔颖达疏"兴军征伐而有乏少,谓之乏军兴";今律"乏军兴者斩"②。另外,在张家山汉简《奏谳书》有涉及"发屯"的案例。孙文博认为:"仅将此案视作一桩冤案,未必妥当。"③"该犯罪男子虽为蛮夷,身份特殊,但因逃亡即被处以腰斩重刑。处理是以军事行为界定,量刑又依军法做出。"④这也解释了汉代《兴律》多不载军兴内容的原因,即其时军兴仍属军法之范畴。

图 5-3 肩水金关汉简所见"房谊诬告案"

---

① 孙文博:《秦汉"军兴"、〈兴律〉考辨》,《南都学刊(人文社会科学学报)》,2015年3月第2期。

② 雷倩:《肩水金关汉简73EJT21:59简文蠡测》,简帛网2022年7月11日,http://www.bsm.org.cn/? hanjian/8740.html。

③ 孙文博:《秦汉"军兴"、〈兴律〉考辨》,《南都学刊(人文社会科学学报)》,2015年3月第2期。

④ 孙文博:《秦汉"军兴"、〈兴律〉考辨》,《南都学刊(人文社会科学学报)》,2015年3月第2期。

第三节 厩 律

文物简介

出土于敦煌地区悬泉置遗址。木简一枚，长19.2厘米，宽2.1厘米。该简三行书写，上端有裂痕，下端残损严重，简文中间部分的残断为释文带来了一定困难。墨迹残泐不好辨认，左侧简文所录"厩令"二字，可能与汉代的《厩律》有关。现藏甘肃简牍博物馆。

简牍释文

马以节，若使用传信，及将兵吏边言蛮以惊闻，献廿实驾者四得□兵以□负，其以厩令使□□

孝武皇帝元鼎六年九月辛巳下，凡六百一十一字。

厩令。

图5-4　汉《厩律》佚文

阅牍延伸

"马牛羊，鸡犬豕。此六畜，人所饲。"中国古人饲养牲畜的记录，最早可以上溯至原始社会。相传在上古时期，伏羲氏驯养了六畜，不仅改善了人类的生活，还进一步促进人类向文明迈进。及至西周，已经设职掌管厩牧。《周礼·地官·司徒》载："牧人掌牧六牲而阜蕃其物，以共祭祀之牲。"[1]秦汉时期，则制定了专门的法律以规范畜牧饲养牛马、禁苑林囿，如《睡虎地秦墓竹简·秦律十八种·厩苑律》。惜其仅存残律文三条，因而今人对秦代《厩苑律》的全貌难以知晓。萧何"捃摭秦法"创汉九章律，秦代《厩苑律》成为汉代《厩律》之蓝本。

至于汉代《厩律》的面目，如今我们只能通过史籍记载、出土简牍窥得一二。据《晋书·刑法志》引魏《新律序》载："秦世旧有厩置、乘传、副车、食厨，汉初承秦不改，后以费广稍省，故后汉但设骑置而无车马，而律犹著其文，则为虚设，故除厩律，取其可用合科者。"[2]《唐律疏议》云："汉律九章，创加厩律。魏以厩事散入诸篇。晋以牧事合之名，为厩牧律。自宋及梁，复名厩律。后魏太和年名牧产律，至正始年复名厩牧律。历北齐、后周更无改作。隋开皇以库事附之，更名厩库律。厩者，鸠聚也，马牛之所聚也。"[3]李均明认为："根据《唐律疏议》及《唐律·厩库篇》的内容来看，汉代《厩律》应是一篇关于调整厩事的法律。"[4]

西北边塞地区所出汉代简牍文书中，也有不少关于《厩律》的内容，有助于了解与此有关的一些法规，为我们看清汉代《厩律》的面貌提供可能。如玉门关汉简所记：

---

[1] 徐正英、常佩雨译注：《周礼》，北京：中华书局，2014年，第273页。
[2] 周东平主编：《〈晋书·刑法志〉译注》，北京：人民出版社，2017年，第178-179页。
[3] [唐]长孙无忌等撰，刘俊文点校：《唐律疏议》，北京：中华书局，1983年，第275页。
[4] 高恒：《秦汉简牍中法制文书辑录》，北京：社会科学文献出版社，2008年，第143页。

马以节，若使用传信，及将兵吏边言蛮以惊闻，献廿实驾者四得□兵以□负，其以厩令使□☒

孝武皇帝元鼎六年九月辛巳下，凡六百一十一字

厩令。

该简下端残损过甚，中间部分简文缺失，给我们了解文意带来了一定的困难。不过，令人感到惊喜的是，简文中的"厩令"应是有关厩苑养马及传置的律令，可能与汉《厩律》的内容有关。简文"马以节，若使用传信"，所指应是使用节或持关传符信的人；"凡六百一十一字"，是指此封诏书的文字总数。李明晓及赵久湘认为该简大意是："持节或者持关传符信之人，及边郡将兵官吏紧急警报者，皆需写明置传车马之规格，予以驾传。"①虽然此份诏书的具体状况及发书背景无从知晓，不过，可以肯定的是，"这是一封有关置传马管理规定的诏书，悬泉汉简整理者认为这是后代誊录下来的，并非武帝元鼎时之物"②。

此外，这枚简还收录在了《敦煌汉简》一书中，只不过由于图版不甚清晰，在简文释读上有所出入。比如，在《敦煌汉简》中简文"厩令"释作"所令"，张德芳先生认为释作"厩令"的可能性更大。③至于"律""令"之间的关系，我们知道汉代律令并称、用法混同。但从此简看，两者之间仍有细微差别。大庭脩认为"令"的形成方式是："后世人们对此律的追加和修正，常常采用皇帝命令的方式。颁布命令的方法有制书与诏书两种形式。"④也就是说，"令"是对"律"的补充和修订。高恒则认为："律、令作为法律的篇名而言，凡对于某一类或一部门事物所作的规范性规定，

---

① 李明晓、赵久湘：《散见战国秦汉简帛法律文献整理与研究》，重庆：西南师范大学出版社，2011年，第151页。
② 于洪涛：《论敦煌悬泉汉简中的"厩令"》，《华东政法大学学报》，2015年第4期。
③ 张德芳、胡平生：《敦煌悬泉汉简释粹》，上海：上海古籍出版社，2001年，第4页。
④ 大庭脩、马小红：《律令法系的演变与秦汉法典》，《中外法学》，1990年第1期，第57-61页。

称之为律。凡解决某类具体事情,而颁行的单行诏令,后经编纂成集者即称之为某某令。"①

给合本简,只能说"令"上升为"律"需要该"令"长期稳定的执行,亦需要司法实践证明的过程。该简因残断未能知晓全貌,但不能否认,其内容应属汉代《厩律》无疑。另有一简记:

言律曰:畜产相贼杀,参分赏和,令少仲出钱三千及死马骨肉付循请平。

从简文所录来看,此简应是一封案件判决书的散简,前段为律文依据,后段是依律所得出的判决结果。简文大意是:被告人少仲出钱三千及死马骨肉付与被害者循,以便和解。由此可知,汉律对"畜产相贼杀"的行为,规定赔偿畜产的三分之一,其骨肉也应用作赔偿。王国维认为此简所记应属《贼律》,不过大庭脩及高恒认为此简应为汉代《厩律》。②

当然,西北汉简除了《厩律》散见律文,还有"传马的饲料标准"相关简文。如:

御史中丞臣强、守侍御史少史臣忠昧死言:尚书奉御史大夫吉奏丞相相上酒泉大守武贤、敦煌大守快书,言二事:其一事,武贤前书穬麦皮芒厚,以廪当食者小石三石,少不足。丞相请郡当食廪穬麦者石加……

该简是汉宣帝回复酒泉太守"辛武贤"和敦煌太守"快"上呈奏疏的恩准诏书。从简文的字面意思看,酒泉太守辛武贤和敦煌太守快一起奏疏朝廷,言及二事。其一,是辛武贤曾上书谈到当时所发穬麦,按规定每月小石三石,但由于穬麦的皮比较厚、有茎,给传马提供的实际分量不足,因此,请求朝廷批准,每石再增加若干,其后是皇帝的恩准批复。其二,显然是敦煌太守快的上书。由于后简文字阙如,我们对第二件事情则不得

---

① 高恒:《秦汉简牍中法制文书辑考》,北京:社会科学文献出版社,2008年,第136页。
② 高恒:《汉简中所见汉律论考》,《简帛研究(第二辑)》,北京:法律出版社,1996年,第226页。

而知。另外，据秦代《厩苑律》《牛羊课》以及其他有关条款规定，秦朝分管厩牧事务的有内史、太仆和太仓等官；在地方由县令、丞以及都官管理；令、丞和都官以下有田啬夫、厩啬夫、皂啬夫、佐、史、牛长、田典、皂和徒等负责具体工作。汉承秦制，想来汉代《厩律》的内容与秦代《厩律》相去不远。西北汉简中常见"厩佐"一词，如"厩佐居延安故里上造臧护□☑"①，可知汉代"厩佐"为专司管厩牧之职。

在古代，牲畜不仅是重要的生产资料，更是重要的战争工具。透过汉代《厩律》残文，依稀可见统治者对牲畜的饲养、管理和使用的重视程度。为实现马匹的大量繁殖，汉武帝曾修《马复令》，规定民养马者可以减免徭赋。此外，汉律以重刑惩治盗窃牛马的犯罪，规定"盗马者死，盗牛者加（枷）"，知情不举发也要受惩罚。回望历史，大汉的骑兵用"天马之力"打开了西域，踏出了一条丝绸之路，在一定程度上成就了辉煌的大汉王朝。

---

① 张德芳、韩华：《居延新简集释（第六册）》，兰州：甘肃文化出版社，2016年，第52页。

第六章
它如爱书
——来自汉塞的公证文书

第一节　殴杀爱书

文物简介

1974年出土于破城子探方五十一。木简一枚（出土编号EPT51：275），该简上残，墨色字迹清晰、简首略有残泐，仅见四字"殴杀爱书"，长14厘米，宽1厘米，厚0.2厘米。现藏甘肃简牍博物馆。

简牍释文

☐殴杀爱书

阅牍延伸

根据居延、敦煌地区所出木简，汉代都尉府配有掾史、书佐一类专门负责文书行政的官吏。他们的职责主要是撰制文书、收发公文、制作各类簿籍等。正是借由小小的文书简，王朝统治者的意志传达至汉塞边关。如日本学者冨谷至所言："彻底化的文书行政成就了中国历史上持续时间最长、强盛至极的古代中央集权国家——汉帝国。"[1]爱书，作为司法领域通行的文书形式，其所记内容通常与

---

[1] [日]冨谷至著；刘恒武、孔李波译：《文书行政的汉帝国》，南京：江苏人民出版社，2013年，绪言第5页。

图6-1　汉塞出土的"殴杀爱书"简

司法案件有关。

分析出土汉简所见的爰书名称及其所记内容，我们可以得知，爰书名称由爰书所记内容决定，是官吏移送上报时所加，所以"殴杀爰书"的出现，也是情势所需。不过，"殴杀爰书"作为官吏调查刑事案件后向上级报告的文书，通常应记载哪些内容呢？

从出土简牍来看，河西汉塞多有斗殴杀人事件发生，所以"殴杀爰书"一类的简文大量可见。如记载：

☐☐寅士吏强兼行候事敢言之，爰书，戍卒颍川郡长社临利里乐德、同县安平里家横告曰：所为官牧橐他

戍夜，僵卧草中，不能行，谨与德横☐诊橐他，右髀推种毋刀刃木索迹，德☐横皆证所言。它如爰书敢。

此简大意是，乐德、家横向士吏强报告：他们为候官牧养骆驼（即"橐他"），某夜发现有人"僵卧草中"。士吏强、乐德、家横一起去现场勘验，结论是"毋刀刃木索迹"，即没有兵刃、木棍、绳索的击打、绑勒痕迹，意即该人属于正常死亡。此简文所记"毋刀刃木索迹"，为鉴定人正常死亡的司法惯用语。此外，值得关注的是，在汉代，鉴定人需证明自己"鉴定结论"的真实性。这与现代诉讼法明确鉴定人出庭作证的义务，旨趣相同。

图 6-2　河西汉塞士吏们的勘验报告简

作为上行文的一类,"殴杀爱书"首先需向上级表明"汇报人"的身份及文书性质。此简中,"汇报人"即兼行候事的士吏强,其以"爱书"形式向上级报告案件。其后,则详细记录了案件相关信息。如,案件相关的人物,发生的时间、地点、原因、经过等。该案的发现人为"乐德"和"家横",他们是从内郡(颍川郡)去往边塞的屯戍之民,二人一起为候官放牧骆驼;主要汇报内容为:戍夜,发现有人"僵卧草中",所以兼行候事的士吏强便与乐德、家横至现场勘验,结果表明"僵卧草中"之人是正常死亡。于是,士吏强以爱书向其上级报告了该案。

此外,需要注意的,也是爱书最重要的部分,就是伤情鉴定。如,该案中的"刀刃木索迹",而这种做法是秦汉法律的规定。

《睡虎地秦墓竹简·法律答问》有较多"斗以刃伤"的材料,如:"士五(伍)甲,拔剑伐,斩人发结,可(何)论?当完为城旦。""斗以箴(针)、鉥、锥,若箴(针)、鉥、锥伤人,各可(何)论?当赀二甲;贼,当黥为城旦。"显而易见,秦时法律已有"斗以刃伤人"的罪名。又,张家山汉简《二年律令·贼律》规定:"斗以釰即金铁锐、锤、锥伤人,皆完为城旦舂。"此条律文,应该是汉律沿袭秦律而来。《汉书·薛宣传》引律曰:"斗以刃伤人,完为城旦。其贼加罪一等与谋者同罪。"进一步证明,汉律关于"斗以刃伤人"罪的规定。较之于"斗而伤人"却"非用此物"(即金铁锐、锤、锥)的情形,律文规定处罚为"耐",即剃掉犯人胡须的两年刑,显然,要轻于"完为城旦舂"。

由此来看,汉律"斗以刃伤人"罪的认定,非以伤人结果而论,只要使用兵器、木器、绳索等器物的,即构成此罪。所以,在现场勘验、伤情鉴定时,必须予以验明。正如此简中,乐德与家横需要勘验有无"刀刃木索迹"一样。

又,《居延新简》记载:

☐☐内郡荡阴邑焦里田亥告曰:所与同郡县乘☐

☐☐死亭东内中东首正偃、目☐口吟、两手卷足、展衣☐

☑□当，时死身完毋兵刃木索迹，实疾死，审皆证☑

简文大意为：田亥报告发现某人死于亭东，并描述了死状。接到报告后，官吏派人前去现场勘验，勘验结论为此人"毋兵刃木索迹"，确为病死，所以，以此爰书向上报告。此外，还有一类是上报畜牲是否被略杀的爰书，即畜牲殴杀爰书。如：

☑北部候长当敢言之。爰书：隧长盖之等乃辛酉日出时

☑长移往来行塞下者，及畜产皆毋为虏所杀略者，证之，审

从简文可知，隧长盖之等巡行塞下时，须专门巡查辖区中有无畜产遭杀略（"略"同"掠"，抢夺之意）的情况，等巡视结束后，需将其巡查时间、巡查结果上报北部候长，再由候长以爰书向上级报告，证明辖区内确实无畜产遭杀略。

综上所述，出土汉简所见殴杀爰书，是基层官吏在调查刑事案件后向上级报告的文书，在上报时依据上报内容而设定爰书名称。反观河西地区出土的殴杀爰书，以人及畜牲的殴杀爰书为主。究其根源，一方面在于汉代边塞盗贼四起、匈奴侵边等，居延汉简对此多有记录。另一方面也在于汉王朝对畜产资源的重视。汉初，"天子不能具钧驷，而将相或乘牛车"。为此，朝廷建立多项制度促进官营马苑和民间畜养业的发展，又命萧何制《九章律》，专设《厩律》。至武帝即位，才有"众庶街巷有马，阡陌之间成群，乘牸牝者摈而不得会聚"的情景。自武帝对匈奴的反击战开始，汉廷对匈奴的征战持续百年，从西汉"封狼居胥"到东汉"燕然勒石"，终两汉之世，对牲畜管理国策的兴衰，成为关乎大汉帝国荣耀与落寞的重要内因之一。

第二节 疾病爰书

文物简介

1990年出土于敦煌悬泉置遗址，木简一枚（出土编号Ⅱ90DXT0314②：301），本简完整，长38.3厘米，宽1.6厘米，厚0.55厘米。正反两面书写，墨色字迹较清晰，表皮有脱落残毁。本简所录文字，主要是建昭元年悬泉置厩佐欣上报的传马疾病爰书，为研究汉代驿置机构、厩佐行政职责等提供了重要的参考价值。现藏甘肃简牍博物馆。

简牍释文

建昭元年八月丙寅朔戊辰，县（悬）泉厩佐欣敢言之：爰书：传马一匹驳，牡，左剽，齿九岁，高五尺九寸，名曰鸿。病中肺，欬涕出睪，饮食不尽度。即与啬夫遂成、建杂诊：马病中肺，欬涕出睪，审证之。它如爰书。敢言之。

阅牍延伸

河西走廊，北御匈奴、西通西域、南抚西羌，对汉王朝而言，其战略意义不言而喻。清初学者顾祖禹在谈及河西地区的战略军事地位时，概括为"镇

图 6-3 建昭元年悬泉置传马疾病爰书

河山襟带，扼束羌戎"①。元狩二年（前121年），骠骑将军霍去病，出击匈奴，收复河套。两年后，又"饮马翰海，封狼居胥，西规大河，列郡祈连"，从此"漠南无王庭"，河西地区成功被纳入汉室版图。

为进一步实现有效管控，汉政府设立四郡，采取移民实边措施，将中原地区的吏民迁到河西屯戍，实行军事防御与农业生产相结合，守卫汉朝的边疆。如肩水金关汉简记载："梁国卒千九十五人戍张掖郡，会甘露三年六月朔日。"

千里跋涉行路难，戍边之路从一开始就不容易。据肩水金关遗址出土的汉简"·檄谓驿马农令，田卒九人行道物故，爰书问同车邑子移爰书都"，简文"行道物故"即路途中死亡。由此可见，行道途中已有九名田卒死亡。

不过，即使历经千难万险抵达边塞屯戍之地，气候对戍边将士而言又是新的考验。河西地处西北边塞的荒漠戈壁之中，气候干燥，夏季酷热，冬季寒冷，春季多有大风。恶劣的环境，使得来自内郡的戍卒稍有不慎就会患病。大量出土的疾病爰书，折射出边塞马匹和吏卒们生活、劳作的不易与艰苦。

一、传马病死证明书

"马者，甲兵之本，国之大用。"在冷兵器时代，马匹是重要的战略物资，而战马更是军队的重要组成部分，直接影响着国家的军事战斗能力。因此，封建王朝都非常重视马匹的繁殖和推广。秦汉以降，为实现对马匹的有效管理，制定了以太仆卿掌舆马的马政机构及其相关制度。马政，"谓养马之政教也"，是涉及官马牧养、训练、使用以及马匹生病、死亡等方面的管理制度。

悬泉置作为汉代重要的官方邮驿机构，承担着迎送官员使者、传送

---

① [清]顾祖禹：《读史方舆纪要》卷六十三《陕西十二·甘肃镇》。参见"中华典藏"网，顾祖禹作品集。https://www.zhonghuadiancang.com/tianwendili/dushifangyujiyao/35014.html。

信件物品的职责。从敦煌悬泉汉简的记载来看，"厩"是驿置机构中必不可少的专门职守。厩佐的主要职责包括饲养和管理马匹，确保马匹的健康和良好的状态，以便于传递信息和执行公务。驿置的传马（驿马）负担着运输大宗物资、传递信件、来往行旅、驾车护送外使等任务，定员一般在四十匹左右，数量不一。每匹马都有记录其名称、身高、毛色等特征的传马名籍简。在马匹管理、使用过程中有关马匹病、死的证明文书可以称为"传马病死爰书"①。如，本书提到的敦煌悬泉汉简中记载的厩佐"欣"上报的"传马疾病爰书"：

在这份传马疾病爰书中，详细记录了传马的病情、病状、病因等。简文大意是，悬泉置传马生病后，厩佐"欣"立即与厩啬夫"遂成"和"建"二人一起进行了会诊。经查，这匹名叫鸿的传马，颜色驳杂，年齿九岁，高五尺九寸。其生病原因、症状主要是咳嗽出涕、饮食不良。

从这份"疾病爰书"来看，一旦传马生病，要详细记录传马的毛色、公母、马印、年齿、身高、名字……以及参加会诊者的职务、名字和结论等信息。同时，需在马匹名籍中注明马之功用（传马）、毛色、性别、年龄及形态。在马匹死亡之后，还需将马的重点部位（筋、齿、耳）一并上交作为旁证，以避免"挪用公马"、私自侵吞之事。如，悬泉简所记："传马老锢病终不可用剥卖者，贾匹千五百，输筋革齿耳郡库。"意即传马因老病不能再用者，应将其剥卖，贾钱是一千五百，马匹的筋、革、齿、耳，需送到郡库。②

除了上述报告马匹疾病，当驿中马匹死亡时，厩佐必须向上级解释原因，"驿马病死爰书"便是报告马匹死亡原因及调查结果的文书。如敦煌汉简：

---

① 张俊民：《敦煌市博物馆藏悬泉置汉简释文献疑》，简帛网2021年6月11日首发，http://www.bsm.org.cn/?hanjian/8404.html。

② 马智全：《汉代敦煌郡库与西域戍卒兵物管理》，载《敦煌研究》，2020年第1期，第125页。

神爵二年十一月癸卯朔乙丑，县泉厩佐广德敢言之，爰书：厩御千乘里畸利辩告曰：所葆养传马一匹，骓、牡、左剽，久生腹，齿十二岁，高六尺一寸，□□敦煌送日逐王，东至冥安病死。即与御张乃始√冷定杂诊，马死身完，毋兵刃木索迹，病死。审证之。它如爰书敢言之①。

在敦煌悬泉迎送日逐王时，到冥安置时马死途中。畸利即与御张乃始一起检验，结论是"马死身完，毋兵刃木索迹"，可见并非人为所致，而是病死。悬泉置厩佐广德呈报此爰书，报告传马病死一事，并证明畸利所说无误。同时，在马匹名籍中注明了马之功用（传马）、毛色、性别、年龄及形态等信息。

另一份传马病死爰书同样书写于西汉宣帝年间：

元康五年三月癸未朔癸未，县泉厩佐禹敢言之，爰书：厩御延寿里王佐年告曰，所葆养传马一匹，骝、牡、左剽、齿九岁，高五尺八寸半寸，名曰野。病中，不能饮食，日加益笃，今死。即与啬夫弘、佐长富杂诊，马死都吏丑危前。身完，毋兵刃木索迹，病死审，证之。它如爰书。敢言之。

简文大意与上简所记大体相同。不难发现，驿马病死爰书与疾病爰书，其书写格式、记录内容总体一致。只是，较之疾病爰书，病死爰书中需说明"身完，毋兵刃木索迹"的勘验鉴定词，并为之证明。由此，我们可窥见汉代马政制度的严格。不过，关于汉代对马匹死亡的处理规定，悬泉汉简有简文记录：

其一、令曰：县官马牛……丞与□□剧卖，复以其钱买马牛。

其二、·告县、置食传马皆为□札，三尺廷令齐壹三封之

其三、律曰：诸乘置，其传不为急及乘传者驿驾□令葆马三日，三日中死，负之。

---

① 张德芳：《从出土汉简看汉王朝对丝绸之路的开拓与经营》，《中国社会科学》，2021年第1期，第143-155页。

第一条简文，注明是"令"，文有缺失，大意是说对于官府已死马、牛，应将其卖掉，得到的钱再买马、牛。此汉令应是承自秦代规定。第二条则要求用简册向上级汇报县置饲养传马的情况。第三条简文注明是律，律文规定了使用传马者的责任，如不是因为紧急公事而使用马匹，必须养马3天。如果3天内马匹死亡，使用者就要负责，意在强调使用者要爱惜马匹，防止滥用。①

悬泉汉简《甘露二年病死马书》中亦记载有汉代对传马的管理规定：若非紧急情况而使用传马，则需以财物进行担保；若非法使用传马并发生死亡事故，则使用人与主管官吏都需承担相应的法律责任。

说到汉简中的"传马"，日本学者森鹿三认为：西汉，驿马与传马同时使用，都是置于"驿"中，作为传递文书之用。但它们有着明显的区别："驿马"指"驿骑"，为每个驿站替换驰行时所用之马；"传马"则作为驾车时用的马，不过后期由于传车消失，"传马"逐渐被"驿马"取代，至三国时已徒有其名而已。②

常有骏马随将士征战西东，比如西楚霸王项羽的乌骓。至汉武帝，更是重视养马，为得"天马"，可谓不惜一切代价，因而还产生了对"马祖神"的崇拜与祭祀。

当然，要说汉代最负盛名的骏马，非1969年出土于甘肃武威雷台汉墓的铜奔马莫属。从外形看，马头微向左偏，两耳如削，双目圆睁，呈昂首嘶鸣状。三足腾空，长尾飘扬，右后蹄踏在展翅飞翔的朱雀上。

李学勤认为："武威出土的铜奔马，是一件非常特殊的青铜器，它既不是一个实用的器物，同时它也不是一个专门为殉葬而制作的一种随葬

---

① 侯旭东：《汉代律令与传舍管理》，载《简帛研究（2007）》，桂林：广西师范大学出版社，2010，第157-158页。
② 参见[日]森鹿三撰，姜镇庆译：《论居延简所见的马》，载中国社科院历史研究所编《简牍研究译丛》第1辑，北京：中国社会科学出版社，1983年，第75-100页。

品。"① 作为驰骋沙场、征战边疆的将军，在"马神"崇拜和尚马情怀之下，铸造"马神"青铜器以供奉，也是完全有可能的。不过，因其造型矫健，又获"马踏飞燕"之别称，并于1983年被确定为中国旅游标志，现为甘肃省博物馆的"镇馆之宝"。

图 6-4　铜奔马

从一份传马的病死证明书（疾病爰书），我们看到了河西边塞对马匹的严格管理以及非法使用或致马匹死亡责任之重，亦由此可以窥见汉

---

① 转引自张国才、杨琴琴：《武威：一马跃古今美名扬天下》，中国甘肃网，2023年4月27日，网址：http://finance.gscn.com.cn/system/2023/04/27/012950024.shtml。

帝国对马匹的重视。其实，如此严苛程序的背后是汉朝所构建的马政制度的反映，不过恢宏大汉，能建立起庞大骑兵北击匈奴获胜，迎来文景之治后的又一盛世，与马政的兴盛不无关系。王夫之在《噩梦》中有"汉唐之所以能张者，皆唯畜牧之盛也"的说法，足见汉朝马政制度给后世王朝牧马业带来的深远影响。

二、边塞吏卒的请假条

根据敦煌汉简《风雨诗》所记："日不显目兮黑云多，月不可视兮风飞沙。"一场沙尘暴，漫天而来，遮云蔽月。寥寥数字，足以知晓边塞条件之多艰。

经九死一生终至边地的内郡吏卒，接下来还要面临来自身心的双重考验。首先是身体之苦。根据汉简记载，在汉塞戍卒要承担艰苦的候望侦伺之责。烈日炎炎、荒漠戈壁，巡视天田的士兵因力乏焦渴，常出现头晕目眩的症状。除去常规工作外，戍卒还需完成修城筑塞、伐茭积薪、治坞除沙、制作土墼、编席织鞋等省作。其次是内心之痛。在甲渠候官遗址出土了一封书信——《元敞致子惠书》，信中元敞自言其裤子破了，须送去缝补，于是向好友子惠借裤子数日。七尺男儿的无助与辛酸，短短数语，跃然简牍之上。对着茫茫戈壁、漫漫黄沙，戍卒吏民也只能感叹"塞上诚毋它可道者"，足见边塞生活的乏味、苦闷以及身处异乡的孤寂。

由于恶劣的气候，加之身心皆累，边地的戍卒中有人出现身体不适，如："病泄注不愈，乙酉加伤寒，头通（痛）、潘（烦）懑、四节不举。"记录的便是戍卒拉肚子（泄注），病情加重，又感伤寒，出现头痛、烦燥不安、四肢酸痛、伸举困难的症状。不过，考诸出土汉简，常见病症主要为：头應、寒炅（寒热）、不耐食、痢疾，肺部发炎（心腹胀满），"两脾雍肿"（类似于慢性的呼吸系统疾病）支满及伤寒等，用现代医学理论来说，类似于因伤寒、感冒引起的发烧、头痛、胸闷等症状。

由于吏卒请假关乎考核、功劳计算、塞防值守等事宜，所以汉代边塞吏卒的请假制度，极其严格，从出土汉简，可见一斑。

（一）病书

在西北汉简"吏卒疾病名籍"中，详细记录了患病吏卒的姓名、症状及治疗情况。当人患病时，便需用病书向上级报告自己的病发日期、病情状况及治疗情况等信息。如："四月戊寅病肠辟，庚辰治。"

所以，汉简所说的"病书"，犹如今天意义上的"病假条"。当患病吏卒将病书报告给主管官吏后，该官吏则需以爰书形式向其上级报告患病吏卒的"病书"内容，并对病书内容做一证明，此即"吏卒疾病爰书"。

（二）吏卒疾病爰书

作为证明吏卒确实生病无误的文书，"吏卒疾病爰书"同样需报告吏卒疾病的种类、病状及治愈情况，所以在简文所记内容上，与"病书"内容多有相似之处。不过，"吏卒疾病爰书"报告疾病相关信息的目的，在于证明吏卒确已无法继续任职，或为请假之依据①，或为请求得到医治许可。如："☐西安国里孙昌，即日病，伤寒头☐、不能饮食，它如。"此简末尾"它如"之后应缺"爰书"二字，"它如"之前为病书内容，记录患病吏卒疾病相关信息。简文大意为：孙昌因伤寒头疼，以致无法饮食，故以爰书上报此病情。

又如《建武三年三月城北隧长病书》册，其简文如下：
建武三年三月丁亥朔己丑，城北隧长党，敢言之：
迺乃二月壬午病。加，两脾雍种、匈胁支满，不耐食
饮，未能视事。敢言之：
三月丁亥朔辛卯，城北守候长匡，敢言之：谨写移隧长党
病书如牒，敢言之，今言府请令就医。

---

① 陈中龙：《秦汉爰书研究》，台湾：花木兰文化出版社，2011年，第50页。

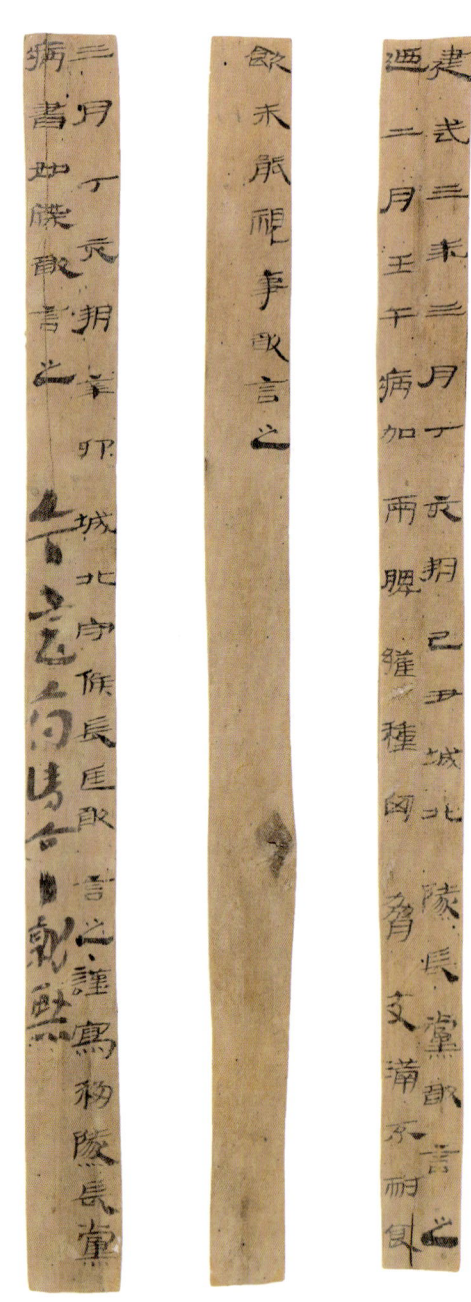

图 6-5 来自汉塞的"请假条"

100

此简册应"是当时的病假条"无疑，全文由31枚木牍组成，共81字，内容完整。其简文内容涵盖了病书、吏卒疾病爰书及上级批复的所有信息。简文大意是：城北隧长"党"带病在岗，直到三月己丑日，他自觉再难支撑，无奈之下便向城北守候长"匡"请假。他说七天前病情加重，出现"两脾雍肿，胸胁支满，不耐食"的症状。"脾"当为"髀"字假借，两脾即两髀，两髀雍肿意为两条大腿臃肿。这种病导致他现在实在无法正常处理日常政务，不得不请假治病。两天后的三月辛卯日，城北守候长"匡"向甲渠候官上报了隧长"党"的病假申请，候官批复，报都尉府请准予就医。

疾病爰书（即病书），就其性质而言，属于书檄类上行文书的一种。通过此份完整的疾病爰书简册，汉代边塞请假制度的轮廓业已明晰。患病后，先由患者提交病书给所在部门，写明病由，部门负责人形成爰书再向上级递交。该简册便是病书原件的抄写上报件，记载了城北隧长"党"告病请假的全过程。

此外，还有一个很有趣的现象，从图版来看，前两份文书以规整的汉隶写成，而简末左下方候官的批示则稍显潦草。不得不说，虽然古今公文有着不同的程式和规范，但公文在批阅签发时却有着一脉相承的汉字书写风格和习惯。

（三）病愈视事书

当吏卒病愈之后，需向上级呈报"病愈视事书"，以请求恢复其职。如："五凤三年四月丁未朔甲戌候史通敢言之，官病有瘳，即日视事。敢言之。"又如："五凤二年八月辛巳朔乙酉甲渠万岁隧长成敢言之，乃七月戊寅夜随坞陛伤要有瘳，即日视事，敢言之"。

简文中的"瘳"通"瘳"，为病愈之意。① 简文大意为：因病休假的

---

① 如《汉书·公孙弘传》记载：公孙弘"因赐告牛酒杂帛。居数月，病有瘳，视事"。

吏卒报告候官负责人，说自己疾病已经痊愈，可恢复正常工作。前文提及，请假事涉吏卒考核、功劳等，因此病愈视事后需给候官报告，以便继续计功劳。不过，《汉律》本有规定，官吏病休不得超三月，超期就要被免官，除非皇帝赐告。另，《中国简牍集成》（五）亦载："官吏病百日即免职，故文书中凡病，必言起止日期。"边塞吏卒病休制度是否受此影响，也未可知。

经由吏卒疾病爰书，我们得以一览汉代病休制度在边塞的具体实施。此外，根据西北汉简所见屯戍吏卒请假的文字遗存，亦有吏卒因亲友的病、丧而请休丧假者。如："☐☐视母病☐部故☐"，即因母病而请假探视。又如："甲渠候长员以令取宁即日遣书到日尽遣如律令。"我国古代以凶曰宁，《汉书》载："宁，谓处家持丧服。"汉简所见"取宁"，意即丧假之意，而"以令取宁""以律取宁"的记载，说明汉代也有严格的丧假制度。降及魏晋，把丧假称为"丁忧"，一直延续到清朝末期。

需要补充的是，早在我国的秦汉时期就已有休假制度，及至西汉，形成"五日一休沐"的定制，《史记》《汉书》及《后汉书》等史籍文献均有记载。但在汉代边塞"还未找到五日一休的例子"，常见情形反而是"将应享休沐日数集成若干天的假期一次休"[1]。这并不是休假制度的例外，而是根据塞防工作实际与性质做出的适当调整。除日常休假定例外，汉代还规定了节庆的假日。如《后汉书》载："冬至前后，君子安身静体，百官绝事，不听政，择吉辰而后省事。"[2] 冬至这天，朝廷上下放假休息，亲友之间以美食相赠，互相拜访，过一个"安身静体"的节日。

---

[1] 邢义田：《汉代边塞军队的给假、休沐与功劳制》，载《简帛研究》第1辑，北京：法律出版社，1993年，第192-205页。

[2] 司马彪：《续汉书·志第五·礼仪中》，北京：中华书局，1965年，第3125页。

第三节　自证爰书

文物简介

1974年出土于居延甲渠候官遗址。本简属于"建武四年三月甲渠候官万岁部秦恭失鼓爰书"中的一枚。这份爰书由6枚木牍组成，编号EPF22：328-332、EPF22：694，时代应为东汉初期。该简木质（出土编号EPF22：330），完整，长22.6厘米，宽1.9厘米，厚0.3厘米。简制为两行，隶书，墨色字迹清晰，两道编。该简对于研究汉代诉讼程序、爰书性质、女子诉讼地位等内容，具有重要的参考价值。现藏甘肃简牍博物馆。

简牍释文

（隧□谨召恭诣治所，先以证县官城楼守衙）而不更言请，辞所出入，罪反罪之律辨告，乃爰书验问。恭辞曰：上造，居延临仁里，年廿八岁，姓秦氏。往十余岁，父母皆死，与男同产兄良异居。以更始三年五月中，除为甲渠吞远隧长，

图6-6　建武四年三月甲渠候官万岁部秦恭失鼓爰书（之一）

阅牍延伸

自证爰书，主要存在于债务纠纷案件中，其内容有两大显著的特征。其一是爰书内容大都含有官吏"告知律令"的简文。所谓"告知律令"，是指官吏验问被告时，要"证"之以某律，又以某律"辨告"于被告。这种做法，一方面是司法诉讼程序之需要，另一方面则是使被告或证人知悉、明白相关律令及法律责任。其二是爰书记录的内容多为被告人不服指控的申辩或供辞。除此之外，还需记录爰书自证者对案情的陈述，以及验问官吏对案件所做的法律事实认定和初步判决。

作为汉代爰书典型的《建武三年十二月候粟君所责寇恩册》简册，其中的"乙卯爰书"与"戊辰爰书"，大部分内容是被告人寇恩的供辞，而且这两份爰书的性质都属于寇恩的申辩书。如，居延新简《"建武四年隧长失鼓"简册》[①]，亦属于自证爰书的典型代表。

该简册所记录的是秦恭申辩其未窃鼓一事，简文内容如下：

1. 建武四年三月壬午朔丁酉，万岁候长宪□☑

2. 隧·谨召恭诣治所，先以证县官、城楼守衙□而不更言请，辞所出入，罪反罪之律辨告，乃爰书验问。恭辞曰：上造，居延临仁里，年廿八岁，姓秦氏。往十余岁。父母皆死，与男同产兄良异居。以更始三年五月中，除为甲渠吞远隧长，

3. 代成则。恭属尉朱卿、候长王恭，即秦恭到隧视事。隧有鼓一，受助吏时尚。鼓常悬坞户内东壁，尉卿使诸吏旦夕击鼓，积二岁，尉罢去。候长恭庠免，鼓在隧。恭以建武三年八月中，

4. 徙补第一隧长。至今年二月中，女子齐通耐自言，责恭鼓一。恭视事积三岁，通耐夫当未□□临责鼓等将尉卿，使执胡隧长李丹持当隧

---

① 发掘简报中曾将该简册命名为"建武四年隧长失鼓"简册；初师宾、李永平先生将其称为"建武四年失鼓"简册（《学术界对居延新简部分简册研究的现状》，简帛网2006年1月6日首发http：//www.bsm.org.cn/？hanjian/4390.html）。

鼓诣尉治所。恭本不见丹持鼓诣吞

5. 远，爰书自证，证知者李丹、孙诩皆知状。它如爰书

6. 建武四年三月壬午朔己亥，万岁候长宪敢言之。官记曰：第一隧长秦恭时之俱起隧，取鼓一，持之吞远隧。李丹、孙诩证知状。验问，具言前言状。☐今谨召恭诣治所验。

7. ☐☐☐☐☐☐李丹孙诩皆知状。恭不服取鼓，爰书。

由于简册中部分简文有所缺失，我们未能完全知晓该案的最终审理结果，但根据现有释文仍可推知该案的大致经过：女子齐通耐状告甲渠候官第一隧隧长秦恭从其夫当所在的俱起隧取鼓到了吞远隧。李丹、孙诩二人知道详情，并作证。于是万岁候长宪将秦恭验问。秦恭供述称：他本是居延县临仁里人，今年二十八岁，父母在十余年前已经双亡，他与其兄良业已分居。更始三年五月（即建武元年），秦恭任甲渠吞远隧长，属官有塞尉朱卿、候长王恭。当秦恭任职于吞远隧时，看到隧已有鼓一件悬置于隧坞内东壁，塞尉朱卿命令诸吏每天早晚依规击鼓共两年。后来，即建武三年，塞尉朱卿、候长王恭离职罢免，但鼓仍在隧中。建武三年八月中，秦恭徙补为甲渠第一隧隧长，便离开了吞远隧。但于建武四年二月中，女子齐通耐向官府控告，自言秦恭从其夫当处取走鼓。

秦恭在供辞中申辩称，齐通耐所言秦恭取鼓一事，实乃误解其夫当处理此鼓的情形。因为去俱起隧取鼓并带去吞远隧的人，实为执胡隧长李丹，而且此行为是受塞尉朱卿的命令，故而李丹才将鼓持回治所，秦恭声明，执胡隧长李丹知道该事件的全过程。

从整个简册来看，以"告知律令"最为特殊。在验问伊始，万岁候长宪即"以证县官、城楼守衙☐而不更言请，辞所出入，罪反罪之律辨告"。这便是自证爰书"告知律令"的部分，"县官、城楼守衙☐"为秦恭所触之罪名，同时，秦恭在被验问时需注意"不更言请"的律令，"辞所出入，罪反罪之律辨告"的，则是其所供不实应负的法律责任。从"恭

辞曰"至"它如爰书",为秦恭的申辩辞。由此来看,"自证爰书"申辩的目的,在于为自己不服指控之事而提出的申辩,以自证清白。

根据《二年律令·具律》和汉简所见其他律令规定,秦恭若能"满三日而不更言请",即三天后的十八日,秦恭对自己的供辞不做更改的话,则视为"辞已定"。这份验问秦恭的爰书,由万岁候长上宪呈给甲渠候官,等待批复。

虽然根据简文,我们不能知晓该案最终的结果,但从简册的发现地点来看,其似乎已经成为档案而被保存起来。所以,我们有理由相信,如果秦恭所述无误,那么最终结果很可能是秦恭胜诉。至于册书缺失的部分,应当包括该案的最终处理结果和甲渠候官的批复等内容。

该案还有一点非常引人注目,那便是作为诉讼主体原告方的竟是一名女性。我们知道汉代,尤其是武帝时期,国家开疆扩土连年发动对匈战争,这使得不少成年男性战死沙场。为了确保社会稳定和家庭权益,《二年律令·置后律》369至371简规定:"以其故死若伤二旬中死,皆为死事者,令子男袭其爵。毋爵者,其后为公士。毋子男以女,毋女以父,毋父以母,毋母以男同产,毋男同产以女同产,毋女同产以妻。诸死事当置后,毋父母、妻子、同产者,以大父,毋大父以大母与同居数者。女子比其夫爵。"①这就是,对于因公殉职且生前有爵位者,若家中无子,则其女可继承其爵位。继承顺位是:儿子—女儿—父—母—男同产—女同产—寡妻—大父—大母—同居数者。同时,寡妻、女儿(在室女)还享有户主身份的继承权。至于汉时,女性能否提起诉讼、是否享有诉讼权利的规定,该简册或可成为诉讼程序研究的补充史料。不过,从甲渠候官发文要求秦恭所属的万岁部验问此事来看,甲渠候官不仅受理了女性(齐通耐)的诉讼,而且要求管辖地官吏验问此事。

由此可见,汉代边塞地区对女性的诉讼主体地位是予以认可的,同时,

---

① 彭浩、陈伟、[日]工藤元男主编:《二年律令与奏谳书》,上海:上海古籍出版社,2010年,第236页。

在边地司法实践中其诉讼权利也得到了保障。这为研究汉代女性的诉权、法律权益以及社会地位等问题，提供了补充资料。据现有的文献资料，虽然汉代没有专以"女性"或"妇女"为门的律条，但事关妇女的律令散见于律、令、科、比或皇帝诏令中，女性可以在特定条件下享有爵位、身份和财产的继承权。在刑罚实施上也给予一定宽宥，比如对经审讯后应关押入狱的孕妇，在监狱中可免戴刑具，如果丈夫为上造以上爵位，则其妻子还可在刑罚上获得减免。后世王朝，依然沿袭了汉代对女性在法律上的宽宥之制，只在内容上有所增减。

无论是尽心履职的士吏强、请病假的戍卒，还是代夫词讼的齐通耐，较之于传世文献中帝王将相的文韬武略、宏大叙事，汉塞简牍是边塞吏卒的书写，更多反映的是他们的现实工作和人生百态。这些从历史深处打捞起的戍卒、凡人或刑徒，是千百年前河西汉塞司法活动的亲历者、法律制度的见证人。透过窄窄的简牍，我们看到了这些小人物的司法故事，也看到了汉代的司法制度及其在实践中运行的大致轮廓。

第七章
一朝之忿
——边塞吏民的殴詈与凶杀

第一节　官吏因公斗殴案

文物简介

建武五年隧长王尊被劾状，汉代，一级文物。1974年出土于甲渠候官遗址第68号探方内。木简30枚（出土编号：EPT68：179、163、164、167、168、171、169、170、172-175、177、176、162、180、165、166、181-188、190、189、191、192。），完整者长22.3～23厘米，宽1～1.3厘米。出土时已散乱，现在的简册次序是出土后根据内容、格式和书体复原的。内容是候长王良督促隧长王尊作治靳幡而王尊不服，并与之械斗，用剑刺伤王良后逃至第十候长赵彭处，赵彭对此进行的举劾。该劾状册对研究边地基层官吏的人际关系、社会关系，具有重要的参考价值。现藏甘肃简牍博物馆。

简牍释文

建武五年十二月辛未朔乙未，第十候长□敢言之。谨移劾状一编，敢言之。迺十二月甲午，第十三助吏、高沙隧长、居延关都里王尊当作治隧靳幡，部候长王良数告尊趣作治幡，尊曰：未作治。良当将尊□尊襃先出，之隧□中堂上取剑盾之隧外，良随后出，尊谓良曰：言□所服若拔剑。良即取所□相击，尊击伤良头四所，其一所创袤三寸，十五隧尊署□□取良马骑之第十候长赵彭所，事状彭劾将尊□居延狱，以律从事□吏•案：尊以县官事贼伤辨□吏盗良马□建武五年十二月辛未朔乙未，第□□赵氏为甲渠候长，署第十部，以主领吏迹候备寇房盗贼为职。迺十二月□□午第十三助吏、高沙隧长□□当作治隧靳幡□□部候长王良数告尊□治幡。尊曰：未作治。良当将尊诣官，尊

110

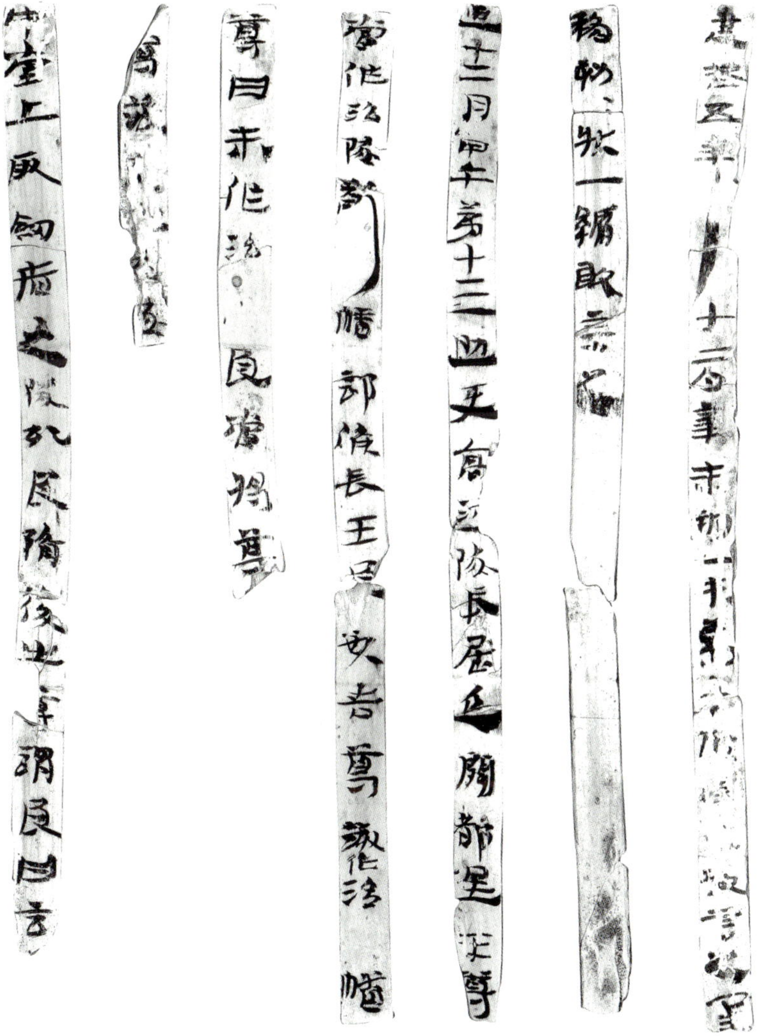

第七章 一朝之忿——边塞吏民的殴詈与凶杀

（一）

图 7-1 建武五年隧长王尊被劫状

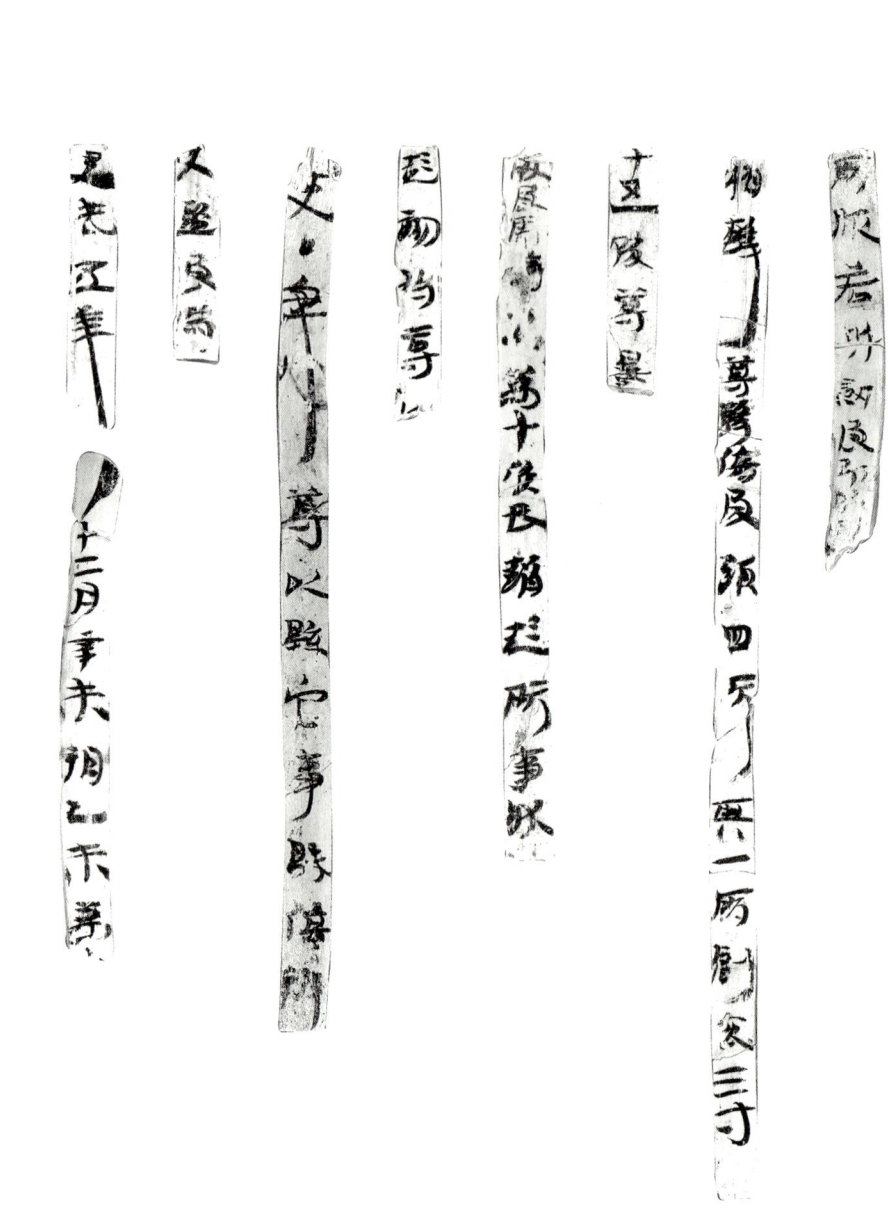

(二)

图 7-1 建武五年隧长王尊被劫状

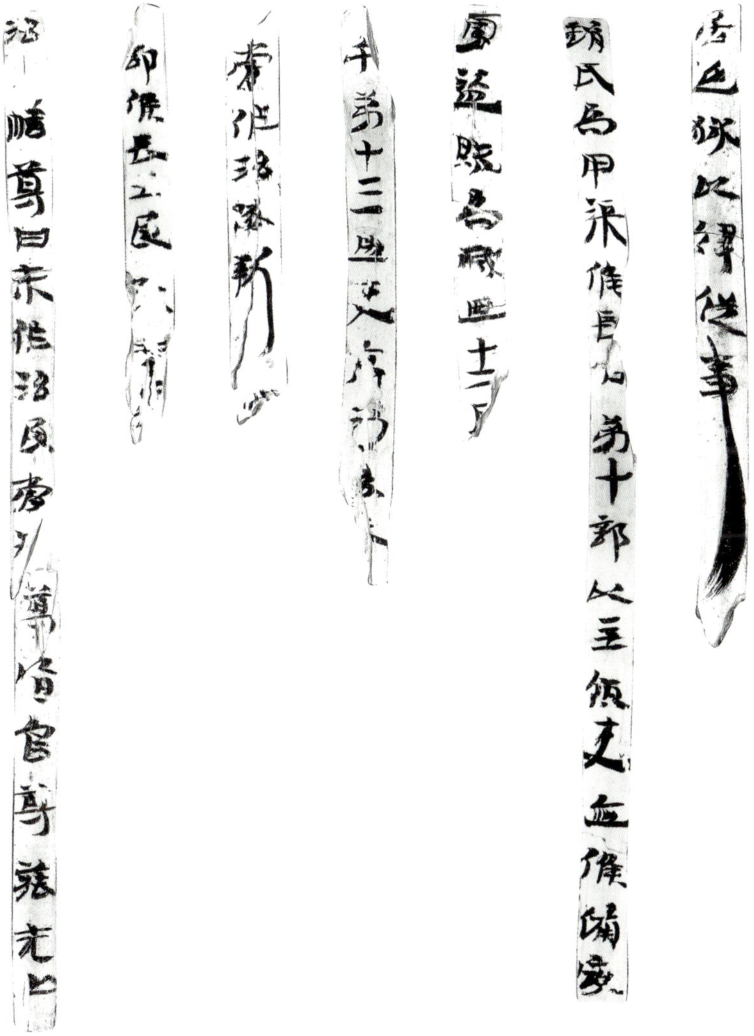

第七章 一朝之忿——边塞吏民的殴詈与凶杀

（三）

图 7-1 建武五年隧长王尊被劫状

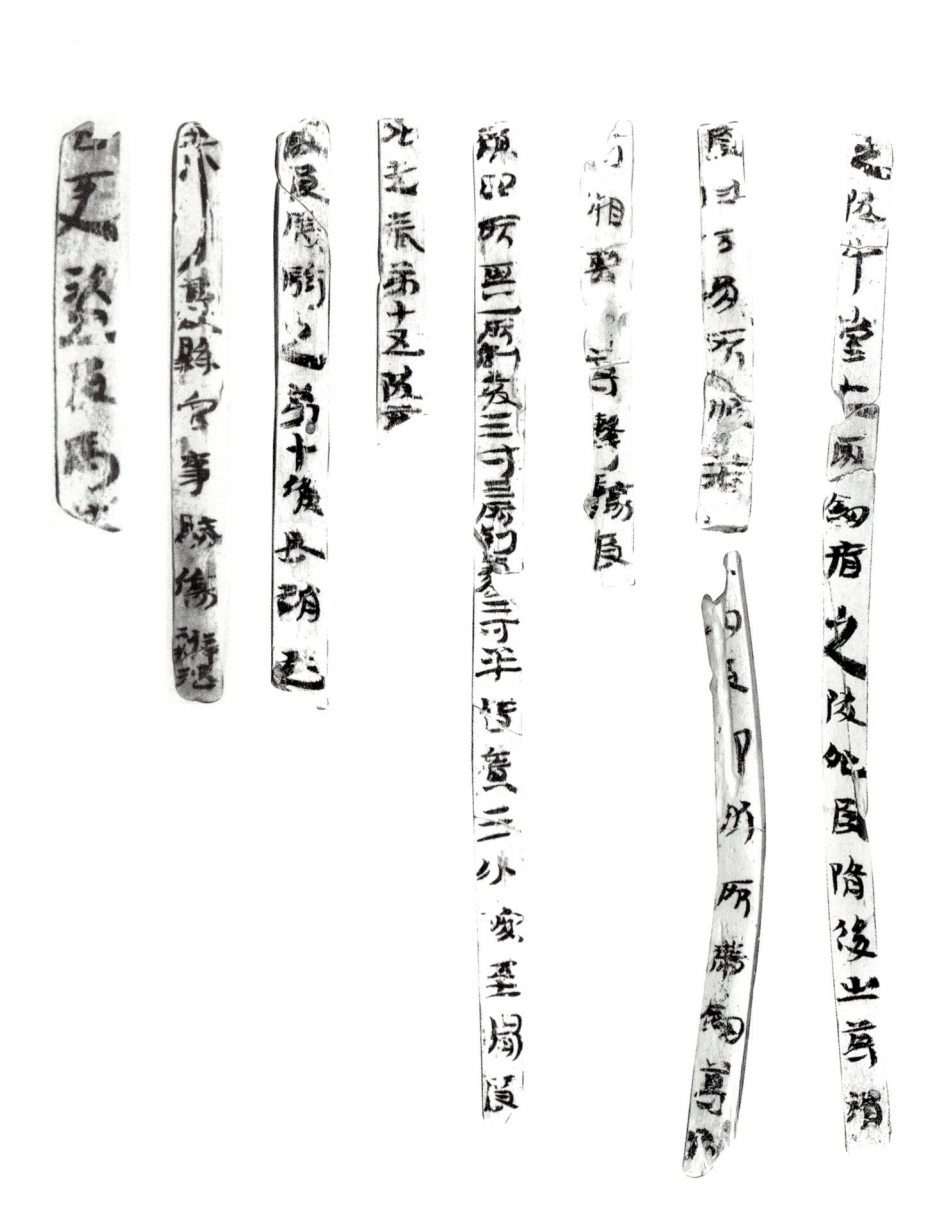

（四）

图 7-1　建武五年隧长王尊被劫状

袭先出，之隧中堂上取剑盾之隧外。良随后出，尊谓良曰：言多，所服若拔剑。良即取所带剑，尊□□□相击。尊击伤良头四所，其一所创袤三寸，三所创袤二寸半，皆广三分，深至骨。良北走奏第十五隧。尊□□取良马骑之第十候长赵彭□□案：尊以县官事贼伤辨治□□□吏盗良马□□。[①]

阅牍延伸

《论语》有云："政者，正也。"上行下效，要想民众有良好的行为规范，执政者应身先士卒、率先垂范。秦汉时期，对基层社会的殴詈、凶杀等暴力行为已制定了法律予以规范，而对基层官吏的要求则更严格。

在西北汉简中，边塞基层官吏间的殴詈、凶杀可分为因公和因私两种，我们可以借此一探秦汉时期吏治的面貌，也经由汉塞基层官吏的举劾诉讼和管理制度，加深对汉代司法的了解。

一、边塞特殊蝗工伤案

2000年前的河西边塞正处于大漠戈壁之中，气候恶劣、条件艰苦。成千上万的戍卒们离开温润的内郡，来到黄沙漫漫的居延边地，难掩失落与无奈。面对繁重的戍务和不适应的气候，戍卒们心中自然会有情绪，口角、斗殴的发生也在所难免。

建武五年十二月辛未朔乙未（30年12月25日），第十部候长赵彭举吉高沙隧长王尊"吏盗良马""以县官事贼伤"案的劾状文书，被匆匆忙忙送到了甲渠候官治所。临近年关，事涉官吏因公斗殴，候官府掾（或令史）丝毫不敢怠慢，立即制作了一编起诉状，呈于候官的书案之上。

甲渠候官定睛一看，竟是因靳幡制作而起的斗殴案件，王尊身为高沙隧长"当作治隧靳幡"却未及时完工，又对上级部候长王良的催告心

[①] 关于该简册的排序争议较大，文中所引为张德芳、郝树声：《悬泉汉简研究》，兰州：甘肃文化出版社，2008年，第387-388页。

生不满,竟然一气之下"打伤"了王良,事后又盗走王良之马,逃往第十候长赵彭治所。事不宜迟,候长即命人将"劾状"依律移交居延县。

(一)县官事

这起伤人事件之所以特殊,是因为候长赵彭在劾状文书中将其定性为"县官事"。之所以被认为是"县官事"(官府公事),还需从秦汉时期的公私观念说起。

早在春秋战国之时,思想家们已经开始关注公私之别。秦朝,"公"指公家、国家,即以"公"指代权力机构。同时,对公有财产皆冠以"公"字,以示所有权的归属和公权力的不可侵犯。举凡公舍官府、公马牛、公甲兵、公器等,都是公(国)有财产。此外,秦律中的"公室"亦指具有公共权力性质的组织。① 睡虎地秦简《法律答问》对"公室(告)"的解释是"贼杀伤、盗它人",可见其侵害主体被限定为"它人",即除去私人范围的公共空间。

"县官"一词源于《礼记·王制》天子居县内(王畿)、官天下的王制理论。② 里耶秦简 8 - 461 木方载"王室曰县官,公室曰县官"③,由此,亦可看出其词语变化的历史节点。据《史记·秦始皇本纪》相关语词的变化,可确定龙岗秦简此睡虎地秦简晚,而在龙岗秦简中,已使用"县官"一词用以表达国家财产器物的意思。如"县官马、牛、羊"等。汉初律文承袭此种语词习惯,如张家山汉简《二年律令》中所谓之"县官积聚、县官马牛羊",皆指官府公物;县官事,则指代官府公事、公务,类似于今天所说的"职务行为"。

这起官吏间的斗殴、贼伤案件,为何被部候长赵彭以"县官事"上

---

① 徐世虹:《秦汉律中的职务犯罪——以"公罪"为考察对象》,《政法论坛》,2014年第6期,第42页。
② 杨振红:《"县官"之由来与战国秦汉时期的"天下"观》,《中国史研究》,2019年第1期。
③ 湖南省文物考古研究所编,《里耶秦简〔壹〕》,北京:文物出版社,2012年,第33页。

报呢？其实这起案件定性的关键，在于简文中提到的"靳幡"。

（二）靳幡

何为靳幡呢？于豪亮在《居延汉简释丛》中认为："幡"通"旛""靳"通"旂"[①]。《说文解字》云："旛，旛胡也。"段玉裁注："谓旗幅之下垂者。"又，朱骏声《通训定声》认为："旛，今字以幡为之。"由此可见，古代所谓"靳幡"犹今日所言之"旗帜"。

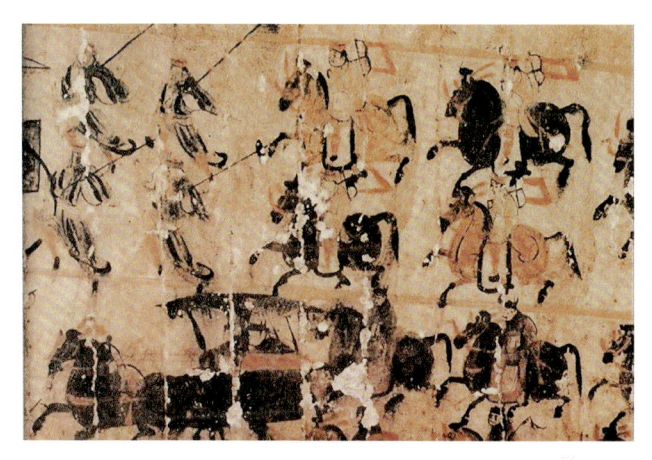

图7-2 河北安平县逯家庄东汉墓壁画所见"靳幡"局部

---

① 于豪亮：《居延汉简释丛》，《于豪亮学术文存》，北京：中华书局，1985年，第102页。

考诸出土汉简，凡与"靳幡"并记的物品多为兵器，如：

简1：槀矢三百五十，靳幡十服七

简2：■承弩八完靳幡四完■

简3：靳干廿七

靳幡廿七

有方五

曲反三

此外，还有大量记录"靳幡"数量、使用情况、检查维护等内容的简文。如："一渊部靳幡■"、"木中燧靳幡一完"、"☑九枚币谨遣尉史承禄弩靳幡诣府"。

综上来看，"靳幡"应属于兵器类物品，① 至少在汉塞的隧、部一级，应为塞防必备之物。根据简册文意，隧长王尊"当作治隧靳幡"，部候长王良数次催告，王尊不仅没有及时完工，还击伤王良。我们可以推知，正是因为导致冲突发生的起因与赶制靳幡物品有关，且靳幡为塞防必备的兵器物品，所以，这起案件才被定性为"以县官事贼伤"。

二、不得不说的"吏盗良马"

汉塞河西地区的职官体系较为特殊，行政与军事并行。行政系统为郡县制度，军事系统为都尉—候官—隧长。通过简文，我们可以得知这起案件事涉三人：任高沙隧长的王尊、任部候长的王良以及任第十部候长的赵彭，从塞防体系级别来看，王良、赵彭都是王尊的上级领导。案子的发展大致如下。

太初元年（前104年），汉武帝颁布新历法《太初历》，将原来以十月为岁首改为以孟春正月为岁首，规定正月初一日为"元旦"（汉代的

---

① 肖从礼：《评〈由汉简"方"与"幡"看汉代边卒的文化学习〉一文——兼与陈晓鸣先生商榷》，《甘肃社会科学》，2006年第6期，第127页。

春节称为"正月旦")。眼看着已至腊月下旬,又是年关,又是年终考课,可令高沙隧长王尊负责赶制的靳幡还未完工,部候长王良自然心急如焚。

因遇年节,事涉重大,部候长王良心急如焚,多次告诉王尊应当抓紧制作,但隧长王尊都没有制作。王良盛怒,欲把王尊扭送到治所治罪。王尊或许本就性情急躁、脾气火爆,一听要去治所,一时情急,竟跑到隧所在的中堂之上"取剑盾",气冲冲地朝隧外走去,王良紧跟其后。至隧外,王尊面露杀气,对王良说:"想让我服气,那就拔剑吧!于是,王良目视着王尊,缓缓取出随身所携之剑。刹那间,剑拔弩张、暗流涌动,一场恶战,一触即发。

几番刀光剑影过后,王良身受重伤,王尊将其头部刺伤了四处,损伤检验结果为:"其一所创袤三寸,三所创袤二寸半,皆广三分,深至骨。"在事发之后,他"北走奏第十五隧"。王尊闯下祸事后,亦未做停留,他骑王良之马前去往第十候长赵彭的治所,讲明事件情状。故此我们推知:王尊到候长赵彭治所的目的是自首,坦白他与王良之间的斗殴之事。

(三)举劾

劾,谓检举揭发之意。《后汉书·周黄徐姜申屠列传》有载:"遂辞出,投劾而去。"章怀注:"案罪曰劾,自投其劾状而去也。"① 虽然"告""劾"在传世文献、论著中常常以"告劾"连用的形式出现,但二者在使用上却有区别。② 如淳曰:"告者,为人所告也。劾者,为人所劾也。""告"与"劾",虽然同为诉讼的提起方式,但二者的区别较大。首先,史料显示无论官民均可行告,亦可能被告,但实行劾者必然具有官吏身分,被劾者则有官有民。其次是告,为"下告上"的诉讼行为;劾,则是"上告下"的诉讼行为。沈家本在《汉律摭遗》中说:"告、劾是二事,告属下,劾属上。劾有三义,其一便是上对下之词。""随着制度的变迁,

---

① 《后汉书》卷五三《周黄徐姜申屠列传》,第1740页。
② 刘庆:《秦汉告、劾制度辨析》,《中国史研究》,2016年第4期,第45页。

告劾连用的语言见多，劾才相对固定为类似现代的公诉的法律含义"①，类似于今天的公诉。

秦汉之际，已经形成一套相对完备的针对官吏犯罪的监察制度。一旦发现官吏犯罪行为，负有监察职责的官吏需对刑事案件主动纠举。根据被举劾对象的不同，分为对普通人犯罪的举劾及对官吏犯罪的举劾两种。对于举劾制度的执行主体、运行程序及劾状形式，汉律做出了明确的规定。以劾状形式为例，汉代举劾官吏犯罪必需以书面形式提出。李均明指出，汉简所见的"劾状"由劾文、状辞、呈文构成；其特点在于"劾状"皆以官吏名义而不是监察机构提出，文中多见"劾无长吏使"句，纠举与拘押常常相继进行，通常需逐级上报。②唐俊峰则认为："劾、状属于同一文书中有着不同用途的两个部分，前者强调的是案验的过程以及'案'的结果；后者强调的是对案情细节精确而扼要的叙述。"③

汉代出土简牍中的法律文献中记载了大量举劾官吏犯罪的案例，本文所言"建武五年隧长王尊被劾状"，是其中一例。该劾状简文较为完整，可以清晰看出汉代劾状逐级上报的过程。本案公诉人部候长赵彭将劾状报送甲渠候官，然后由候官转呈有关部门。

由此来看，赵彭举劾犯罪之事，不仅在于其官吏身份，他本身亦确有举劾之职。因而，他"劾将尊□☒居延狱，以律从事"。依律，赵彭将事情的来龙去脉以劾状文书上报甲渠候官，王尊关入居延狱。

三、对案件处理结果的依律推测

秦汉时期，有关罪数形态及其刑罚规定的法律制度进一步完善。如张家山汉简《二年律令·具律》简95："□□□□两，购、没入、负偿，

---

① 张建国：《汉简〈奏谳书〉和秦汉刑事诉讼程序初探》，《中外法学》，1997年第2期，第53页。
② 李均明：《秦汉简牍文书分类辑解》，北京：文物出版社，2009年，第77-79页。
③ 唐俊峰：《甲渠候官第68探方出土劾状简册的复原与研究》，《简牍学研究》（第五辑），兰州：甘肃人民出版社，2014年，第38页。

各以其直（值）数负之。其受赇者，驾（加）其罪二等。所予臧（赃）罪重，以重者论之，亦驾（加）二等。"又，《二年律令·盗律》简59"盗盗囚。臧（赃）见存者，皆以畀其主"，简60"受赇以枉法，及行赇者，皆坐其臧（赃）为盗。罪重于盗者，以重者论之"。即行为人若犯有数罪，依照汉律当采取吸收原则，即重罪吸收轻罪。换言之，对犯罪人科以数罪中处罚较重的刑罚，这与现代刑法数罪并罚中的吸收原则相类。

在该劾状中，部候长赵彭造劾王尊的犯罪行为包括："因县官事贼伤人"以及"吏盗良马"，属于一人犯数罪之情形。依照汉律之规定，"一人有数☐罪殹，以其重罪罪之"，那么此两罪孰轻孰重？

首先是贼伤人的行为。根据张家山汉简《二年律令·贼律》所记："贼伤人，及自贼伤以避事者，皆黥为城旦舂。"就是说，汉律对有意伤害他人以及自残、自伤以逃避役使者，都处以黥为城旦舂之刑罚。那么，依照汉律，针对王尊贼伤王良的行为，应将其黥为城旦舂。

据《汉旧仪》载："城旦者，治城也；女为舂，舂者，治米也。"应劭云："城旦者，旦起治城；舂者，妇人不预外徭，但舂作米。"不过，在实际执行中，罪犯的服役并不限于治城与舂米。"黥为城旦舂"，则是在此刑罚上附加"黥"（墨刑，往脸上刺字）之肉刑。

其次是吏盗良马的行为。根据《盐铁论》记载："盗马者死，盗牛者加，所以重本而绝轻疾之资也"，即盗马者直接处死，盗牛者判枷刑。很显然，王尊盗骑王良之马的行为，其刑当处死。

程树德在《九朝律考·汉律考》第二篇《刑名考》中认为：死刑有三，分别为"枭首、要斩、弃市（磔附）"[1]。沈家本亦认为汉律死刑为："要腰斩、弃市、枭首，《汉书·景纪》：中二年，改磔曰弃市，勿复磔。"[2]可见，王尊"吏盗良马"的罪行，其刑罚只能是死刑三者择其一。

最后是司法官的依法审判。《二年律令·具律》中对审断范围做出

---

[1] 程树德：《九朝律考》，北京：商务印书馆，2010年，第45—46页。
[2] 沈家本：《历代刑法考》（卷一），北京：中华书局，1985年，第18页。

了明确的规定："治狱者，各以其告劾治之。敢放讯杜雅，求其它罪，及人毋告劾而擅覆治之，皆以鞫狱故不直论（简113）"，意即司法官吏应根据告劾内容审断案件。如敢制造障碍不法审讯，审断告劾以外的罪或者无告劾而擅自审断的，均以故意不如实断案论罪。根据部候长赵彭的举劾文书，司法官依法审理也只能是贼伤人及吏盗良马之罪行。

前文曾言张家山汉简《二年律令》中："一人有数☐罪殹，以其重罪罪之"，黥为城旦舂与死刑相较，死刑为重。综上，王尊的最终判决极有可能为死刑。至于王尊为何在拥有良马和极强的个人战斗力的情况之下选择自首，或许是因为汉塞的通缉使其无处逃遁，又或许是基于汉法对已伤人却能自首者"不除其罪，但减轻处罚"的规定吧。

四、汉代的依法治吏

秦朝奉行"明主治吏不治民"的法家思想，这种思想被汉代继承，汉律"依法治吏"的特点亦非常明显。如《二年律令》中关于官吏失职的法律惩处规定有：

> 盗贼发，士吏、求盗部者，及令、丞、尉弗觉智（知），士吏、求盗皆以卒戍边二岁，令、丞、尉罚金各四两。令、丞、尉能先觉智（知），求捕其盗贼，及自劾，论吏部主者，除令、丞、尉罚。一岁中盗贼发而令、丞、尉所（？）不觉智（知）三发以上，皆为不胜任，免之。

大意是，发生贼盗案件，士吏、求盗（古代亭长手下掌逐捕盗贼的亭卒）所管辖的地区及令、丞、尉未发觉，士吏、求盗以卒身份戍守边防两年，令、丞、尉各处罚金四两。如果令、丞、尉能够事先觉察将其捕获或者径行举劾，由直接负责的官吏承担责任，对令、丞及尉不予处罚。如果一年中发生三次以上未发觉贼盗犯罪的行为，令、丞及尉均免职。这条律文在史籍记载中多有印证，如《汉书·酷吏传》有载，汉武帝"于是作沈命法，曰：'群盗起不发觉，发觉而弗捕满品者，二千石以下至小吏主者皆死。'"即发生群盗作乱而未能察觉，或虽察觉未能逮捕一定人数盗贼的，郡守以下至主管小吏者，一律处死。①

同时，为防止官吏腐败，汉承秦"不直""纵囚"罪，在《二年律令·具律》中载："劾人不审为失，其轻罪也而故以重罪劾之为不直。"如果官吏"劾人不审"以及"轻罪重劾"，则要承担"失"罪与"不直"罪的后果，以此来确保司法官吏依法履职。

此外，汉代为约束官吏的行为，对上下级之间的殴詈、凶杀行为也有明确的法律规定，尤其是戍边官吏如果随意殴击手下的戍卒，要依律受罚。这一点在居延汉简中得到证实："故甲渠候长唐博叩头死罪，博前为甲渠鉼庭候长今年正月中坐榜卒系狱，七月廿"②，即甲渠候长唐博作为汉塞的基层官吏，其因"榜卒"即殴击下属的行为，遭到"系狱"的惩罚；又如肩水金关汉简中记载："鬼新萧登，故为甲渠守尉，坐以县官事欧笞戍卒尚勃，讄，爵减。元延二十一月丁亥论。故䲛得安汉里，正月辛酉入"③，即身为主管戍卒的守尉，即使因"县官事"殴笞了手下的戍卒，也要受到降爵的惩罚。

为了边塞稳定，同时也是对匈奴作战的需要，统治者对基层官吏、底层戍卒的重视不断增多，给予他们基本的尊严和人身安全的保障。这也反映出，秦汉时期中国的封建官僚体系刚刚形成，官吏之间的关系相对而言比较平等和自由，这些从汉初到汉中期的律令规定中，可见一斑。

---

① 张琮军著：《明谨庶狱：秦汉刑事证据文明的开启》，北京：中国政法大学出版社，2021年，第145页。
② 中国社会科学院考古研究所编：《居延汉简甲乙编》（下册），北京：中华书局，1980年，第2页。
③ 甘肃简牍保护研究中心、甘肃省文物考古研究所、甘肃省博物馆、中国文化遗产研究院古文献研究室、中国社会科学院简帛研究中心编：《肩水金关汉简（壹）》（下册），上海：中西书局，2011年，第33页。

第二节　官吏因私殴詈案

文物简介

建武五年候长原宪劾状，汉代，一级文物。1974年出土于居延甲渠候官遗址第68号探方中。共木简18枚（出土编号：EPT68：13–28、42、79）。除第42简下部烧残外，余简较完整。完整者长22～22.5厘米，宽1～1.2厘米。简文连贯，唯第42、第79两简是出土后根据内容联缀复原的。该简册为劾状，主要内容是第四守候长原宪和主官令史夏侯谭斗殴，原宪刺伤夏侯谭并持官物越过塞天田出逃后，甲渠候官令史周立举劾原宪。该劾状的出土，为研究边塞吏卒的日常生活和管理提供了重要资料。现藏甘肃简牍博物馆。

简牍释文

建武五年九月癸酉朔壬午，令史立敢言之，谨移劾■状一编。敢言之。

乃九月庚辰，甲渠第四守候长、居延市阳里，上造原宪，与主官夏侯谭争言斗，宪以所带剑刃击伤谭匈一所，广二寸，长六寸，深至骨。宪带剑，持官六石具弩一、稾矢铜镞十一枚，持大橐一、盛糒三斗、米五斗，骑马兰越隧南塞天田出。案：宪斗伤、盗官兵、持禁物，兰越于边关徼亡，逐捕未得，它案验未竟。建武五年九月癸酉朔壬午，甲渠令史立劾，移居延狱，以律令从事。上造、居延累山里，年卌八岁，姓周氏，建武五年八月中除为甲渠官斗食令史，备寇虏盗为职。至今月八日，客民不审■让持酒来，过候饮。第四守候长原宪诣官，候赐宪、主官谭等酒■，酒尽，让欲去，候复持酒出之堂煌上，饮再行，酒尽，

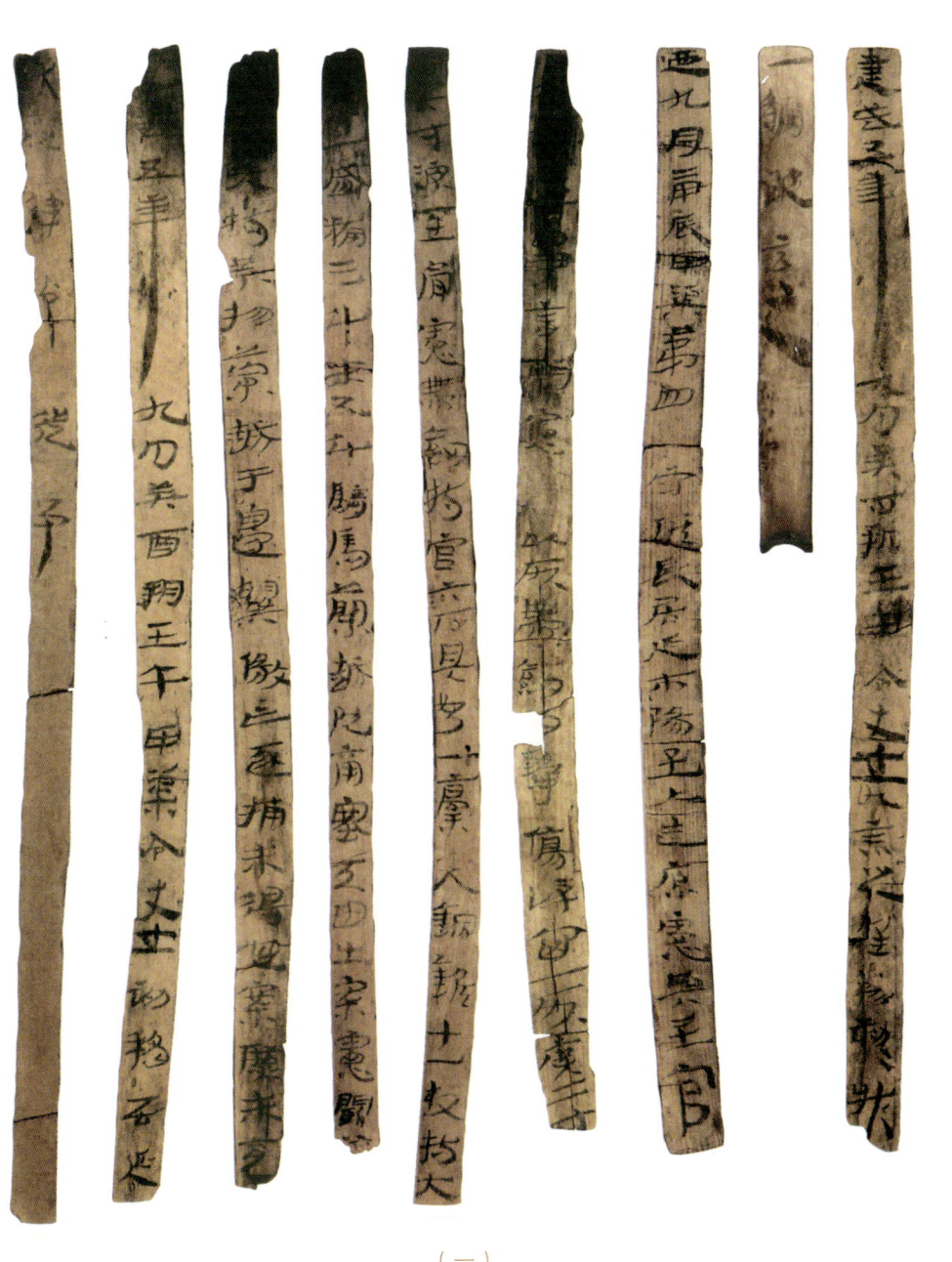

第七章 一朝之忿——边塞吏民的殴詈与凶杀

（一）

图7-3 建武五年候长原宪劾状

(二)

图 7-3 建武五年候长原宪劾状

皆起。让与侯史候□人。谭与宪争言斗，宪以剑击伤谭匈一所，骑马驰南去。候即时与令史立等逐捕，到宪治所，不能及。验问隧长王长，辞曰：宪带剑，持官弩一、箭十一枚，大革橐一，盛糒三斗、米五斗，骑马兰越隧南塞天田出，西南去。以此知而劾，无长吏教使劾者，状具此。

九月壬午，甲渠候□移居延，写移书到，如律令。令史立。

阅牍延伸

一、酗酒而起的殴詈案

除因"县官事"引起的殴詈行为外，官吏作为自然人主体，也可能因个人私事而发生殴詈行为，如"建武五年候长原宪劾状"，便是一起关于官吏因酗酒而引发的持剑殴詈案件。

该劾状较完整，本案公诉人令史周立将劾状文书报送甲渠候官，后由甲渠候官转呈居延县。劾状主要由呈文、劾文、状辞三个部分组成。第一分部为呈文，清楚地说明了起诉时间、起诉人、文件名称及数量；第二段部分为劾，说明被告的犯罪事实及对其调查情况；第三部分为状辞，说明原告身份的、被告的犯罪事实、事件经过及调查勘验情况。最后一段为上级机构甲渠候的转呈文。

通过这份劾状文书，一桩2000年前曾在居延地区发生的因饮酒酿成的惨案，展现在我们面前。

在复原案件经过之前，我们有必要先介绍一下涉案当事人：公诉人令史立，姓周名立，为"上造、居延累山里"人，48岁，于"建武五年八月中除为甲渠官斗食令史"，八月中旬任命为甲渠候官令史，为斗食之秩，以"备寇虏盗为职"。由此可知，令史周立举劾原宪，实属其职责所在。

被举劾者原宪，为"甲渠第四守候长"，籍贯"居延市阳里"，爵名"上造"。为原宪所伤者，是"主官夏侯谭"。根据本劾状简文所记，我们无从得知更多有关夏侯谭的名籍信息，但根据李振宏、孙英名的考证，知其"姓夏侯氏，张掖郡居延鞮汗里人，曾是甲渠候官令史，后署主官令史之职，其职掌是'主领吏，备盗贼'，后因渎职（毋状）被斥免"。[①]

至于一起饮酒的其他人，则简文过略，大意为：东汉建武五年，一位名叫让的官吏提着一坛酒去甲渠候官治所，与好友共饮。至于，贾让的名籍信息，则不甚明了。根据《敦煌汉简》所记"兴客不审郡县姓名。习字子严，年卅所，为人短壮，毋须，短面"，可以确定一份"客民"完整的名籍应该有国名、姓名、年龄、身高（短壮、高瘦）、肤色（白色、黄色）以及脸部特征（面短）等。从简文"客民不审■让持酒来，过候饮"来看，让为"客民"，但身份信息不详。

贾让与之共饮的好友，简文记载只是寥寥数字，结合："叩头死＝罪＝府记曰主官夏侯谭毋状免觉叩头"和"死＝罪＝今年八月中候缪欣客男子贾让持酒"，可以推知，简文中的"候官"为缪欣，他刚高升，所以贾让持酒来为其庆贺。此外，还有因汇报工作，后面加入酒局的"侯史候□"，以及被验问的"隧长王长"。

交代清楚案件当事人信息后，我们根据劾状简文大致复原一下这起官吏因私事而引起的殴詈案。

建武五年九月庚辰（八日），弱水河畔，秋高气爽。客民让提着一坛酒去往候官治所，他要去庆贺自己好友缪欣的高升。碰巧这天，甲渠第四守候长原宪要给候官汇报工作，主官夏侯谭也因免职在与新任令史周立交接工作。因他二人的到来，候官大喜，便赐原宪、夏侯谭一同饮酒。

觥筹交错，推杯换盏间，让带去的酒已经饮尽。于是，让起身说道："诸位，先行别过了。"正欲离去，候官说："你且别走，再饮一坛吧。"说话间，便转身又拿出一坛酒。此时，侯史候□刚好来到治所，有事向

---

① 李振宏、孙英民：《居延汉简人名编年》，北京：中国社会科学出版社，1997年，第363页。

候官汇报。缪欣见状，高兴地说道："好，我们到正厅去喝。"几个人时而谈笑风生、时而窃窃私语，不一会儿，一坛酒又喝光了。众人皆起，准备互相作揖道别。不曾想，就在这时，原宪与夏侯谭互相詈骂起来。原宪怒不可遏，竟拔剑刺向了夏侯谭胸口，夏侯谭应声倒地，原宪夺门而出，跳上马背，向南逃去。

缪欣与众人见此情状，酒已醒了大半，急忙令戍卒给夏侯谭包扎救治，自己与令史等人立即骑马去追捕原宪。到原宪治所后，未能捕得，便验问隧长王长。王长说："原宪已携带兵器、粮物，骑马私自越过隧界，自天田而出，向西南逃遁。"甲渠斗食令史周立，以其所知举劾原宪。

二、一朝伤人，亡命天涯

嘶……马儿一声长鸣，逐渐放缓了前进速度，原宪马不解鞍疾行了半日，回首见身后并无追兵，方才歇了口气。于是松了缰绳，任由马儿在胡杨林中漫行，自己寻了一隐蔽处，稍作停歇。其实，原宪心里非常清楚，前路等他的，只有重重关卡和海捕文书，要想在汉帝国的领地出逃匈奴，何其艰难！

何言如此呢？因为早在春秋战国时期，就已经出现了关津制度。至西汉，于吕后二年（前186年）就以制诏形式颁发了《津关令》。根据《津关令》所载，汉代的关、津多设于水、陆交通要塞，并设置关都尉等负责关津的日常管理，在检查行人、违禁物品、征收关税、缉拿罪犯、军事防御等方面起着重要作用。

据《汉书·西域传》载，汉武帝时设置河西四郡，据守敦煌以西的阳关和玉门关。除此之外，在河西汉塞上还有其他关城，肩水金关即其中之一。由地理位置来看，原宪选择"西南去"的主要原因，恐是为了躲避肩水金关关口的检查。

首先是汉代实行严格的通关管理制度，无论吏、民，出入关津时必须携带"符""传"等用以证明身份、名籍的证明文券，类似于后世的通行证，否则不予放行。为确保查验身份信息无误，"传"多用木片制作，上面写有持符人的姓名、出发日期、经过地点、所行何事、颁发官员等重要信息，供沿途官吏检查。

汉代关津仅放行持有合法符传者出入，并根据使用者身份和事务类别，将"传"分为两类。第一类是公务，比如采购物资、押送犯人等。其中最为人们所熟知的，莫过于《临淄狱史阑诱汉民之齐案》，狱史阑与南为顺利出函谷关，便偷窃了大夫虞的通关符传，但被守关士卒发现，最终被收押下狱。第二类则是私事，私人性质的"传"，除记录所经之地外，还会在"传"上面记录持符人的特征，比如年龄、身高、肤色等。由是观之，原宪身为通缉要犯，自是不能持有合法符传出关城。

其次是汉代施行严酷的律法，以实现对人口、战略物资的管控。如张家山汉简《二年律令·盗律》所记："盗出财物于边关徼，及吏部主智（知）而出者，皆与盗同法；弗智（知），罚金四两，使者所以出，必有符致，无符致吏智（知）而出之，亦与盗同法。"此外，《二年律令·津关令》中规定了对偷运马匹、黄金、铜、铁等禁限物品的相应刑罚，并明确界定了守关吏卒失职、渎职的行为及其处罚。严刑峻法之下，即便是相熟故友，也无人敢私放"亡人"出塞。

最后需要补充的是，汉代敦煌、居延等地的军事防御工程都以长城为主体，"塞天田"是其防御体系的重要组成部分。隧长王长在供辞中讲到原宪"骑马兰越隧南塞天田出"，那边塞是如何利用"塞天田"分析出逃亡人的走向，进行追捕呢？

其实，"塞天田"是将较为平坦的塞边地带用细沙或细土掩盖其上，用于侦验入侵匈奴兵士或者外逃人员的足迹，以便判断情况并及时采取措施。原宪骑马逃亡，必定在"塞天田"留有足迹，追兵循着痕迹，自是不难发现原宪的去向。

在如此严厉的制度与法令之下，原宪亡命天涯，也是逃无可逃。不过令人疑惑的是，据《居延新简·建武六年隧长王长被劾状》所记，在原宪逃亡后的第二天，隧长王长也逃亡了。由于简文残缺，我们无从得知王长逃亡的真实动因，不过从隧长王长供辞来看："宪带剑，持官弩一、箭十一枚，大革橐一，盛糒三斗、米五斗"，是否与汉代"见知之法"有关，便不得而知。我们也只能期待更多的出土文献，解开此谜团。

三、斗以刃伤人，完为城旦

为何这起官吏之间因私下饮酒而"争言斗"的案件发生后，原宪要盗走兵器仓皇逃向关外呢？

我们从汉律中，或许能找到答案。《汉书·薛宣传》引律曰："斗以刃伤人，完为城旦，其贼加罪一等，与谋者同罪。"意思是，对于私人之间的争斗，如果以带刃之兵器击伤对方，就属于刑事伤害案件，要判处"完为城旦"之刑，如有预谋伤人，则罪加一等。对于"斗以刃伤人"的材料，多见于《睡虎地秦墓竹简·法律答问》，如：

或斗，啮断人鼻若耳若指若唇，论各可（何）殹（也）？议皆当耐。

或与人斗，夬（决）人唇，论可（何）殹（也）？比疻痏。

或斗，啮人颡若颜，其大方一寸，深半寸，可（何）论？比疻痏。

疻痏，为殴打他人至皮肤肿起者，是伤害行为入罪的最低标准。

汉承秦制，汉代对伤害罪的量刑标准就以受伤程度而定。张家山汉简《二年律令·贼律》载："斗以釰及金铁锐、锤、椎伤人，皆完为城旦舂。其非用此物而盯人，折枳、齿、指，胅体，断决鼻、耳者，耐。"与此同时，勘验制度也已规范化。故而，令史、隶臣对夏侯谭的伤势进行了全面、细致的勘验。从"击伤谭匈一所广二寸，长六寸深至骨"来看，夏侯谭伤势较重，原宪可能会受"完为城旦舂"之刑罚。因此，原宪选择了"盗官兵、持禁物"私自出关逃跑。

通过考析出土简牍文献，早在汉初，法律已有公罪与私罪之分，所以对于官吏间因公、因私殴詈的处罚自然适用不同的法律规定和标准。根据出土的河西简牍，官吏间因公殴詈的现象，在边塞屡禁不止。当然，

第七章 一朝之忿——边塞吏民的殴詈与凶杀

因私殴詈的也不在少数，只是秦汉时期并没有太多相关的法律规定，可能对因私事进行的殴詈，适用一般的法律规定和道德准则。至于确切规定，只能交由历史解答。

第八章
遁地无门
——河西汉塞的通缉与捕亡

第一节　汉塞通缉令

文物简介

甘露二年丞相御史书，一级文物，文书简，1973年出土于肩水金关遗址1号探方（出土编号：73EJT1：1-3）。木牍3枚，长23厘米，第1牍宽3厘米，其余2牍宽2厘米。有字528个，文字共12行，皆自右而左竖行书写，内容是西汉宣帝时追查武帝之子广陵王刘胥集团骨干的御史书，即通缉令。该文书由四个部分组成：一是御史书对丽戎基本经历和相貌特征的描述，以及对各地严加追查的要求；二是张掖太守向下属的传达文件；三是肩水都尉府的下达文件；四是肩水候官向部隧下达要求具体执行的文件。此文书的发现，为研究西汉中、晚期一些重大历史事件、了解汉代司法通缉制度，提供了第一手资料。现藏甘肃简牍博物馆。

简牍释文

甘露二年五月己丑朔甲辰朔，丞相少史充、御史守少史仁以请诏有（所）逐验大逆无道故广陵王胥御者惠同产苐（弟）、故长公主苐（第）卿大婢外人，移郡大守：逐得试（识）知外人者故长公主大奴千秋等曰：外人，一名丽戎，字中夫，前大（太）子守观奴婴齐妻，前死，丽戎从母捐之字子文、私男苐（弟）偃居主马市里苐（第）。（弟），捐之姊子、故安道侯奴，材取不审县里男子字游为丽戎壻（婿），以牛车就载藉田仓为事。始元二年中，主女孙为河间王后，与捐之偕之国。后丽戎、游从居主机菜苐（弟），养男孙丁子沱。元凤元年中，主死绝户，奴婢没入诸官，丽戎、游俱亡。丽戎脱籍，疑变更名字，远走绝迹，更为人妻，介罪民间，

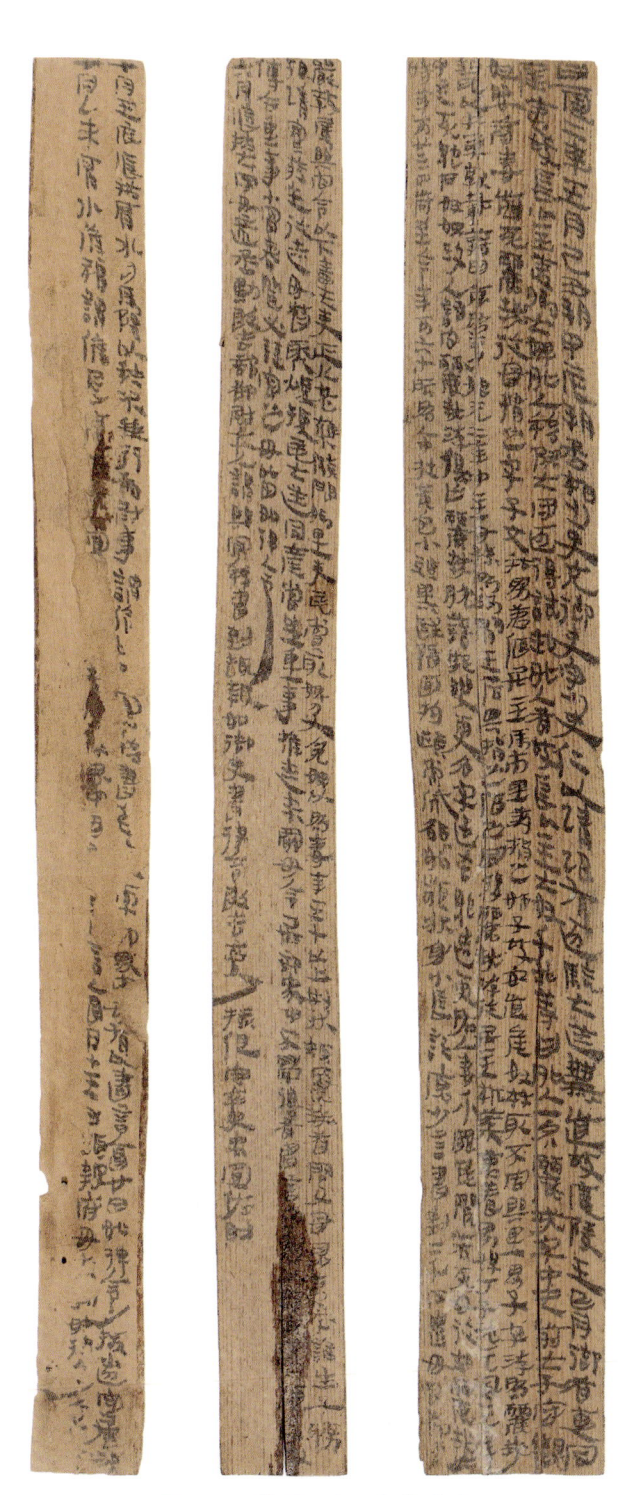

第八章 逃地无门——河西汉塞的通缉与捕亡

图 8-1 甘露二年丞相御史书

若死毋从知。丽戎亡时，年可廿三四岁。至今，年可六十所。为人中壮，黄色，小头，黑发，隋（椭）面，拘（钩）颐，常戚（蹙）额如频状，身小长，诈瘣少言。书到，二千石遣毋害都吏严教属县官令以下，啬夫、吏、正、父老杂验问乡里吏民，赏（尝）取（娶）婢及免婢以为妻，年五十以上，刑（形）状类丽戎者。问父母昆弟（弟）、本谁生子，务得请（情）实、发生从（踪）迹。毋督聚烦扰民。大逆，同产当坐，重事，推迹未穷，毋令居部界中不觉。得者书言白报，以邮亭行，诣长安传舍。重事，当奏闻，必谨密之，毋留如律令。六月，张掖大守毋适（敌）、丞勋敢告部都尉卒人：谓县：写移书到，趣报，如御史书、律令。敢告卒人／掾偘、守卒史禹、置佐财。七月壬辰，张掖肩水司马阳以秩次兼行都尉事，谓候、城尉：写移书到，庵（搜）索部界中，毋有，以书言，会廿日，如律令。／掾遂、守属况。七月乙未，肩水候福谓候长广宗等：写□□（移书）到，庹（搜）索部界中，毋有，以书言，会月十五日，须报府，毋□□（失期）如律令／令史□①。

阅读延伸

根据《中华人民共和国刑事诉讼法》第153条规定：应当逮捕的犯罪嫌疑人如果在逃，公安机关可以发布通缉令，采取有效措施，将其追捕归案。可以说，即使在"大数据"时代，"通缉令"依然是追捕逃犯的重要手段。那么，在没有视频监控、人脸识别等技术的古代，究竟是靠什么抓到犯人的呢？

据《续资治通鉴》记载："诏天下有能告杀人者，赏钱五万"，"重赏之下必有勇夫"，一纸海捕文书，全民皆成"侦探"。可见，司法文明不断进步，但在缉捕逃犯的手段上，"通缉令"蕴含着古老的传统文

---

① 按：文中《甘露二年丞相御史书》释文并标点，参见李迎春《金关汉简〈甘露二年丞相御史书〉政治史信息再探——兼论汉代贵族奴婢的政治参与》，《简牍学研究》，2019年第8辑。

化因子和智慧。

一、汉代的通缉令

1973年，甘肃省居延考古队在金塔县肩水金关旧址1号探方发现3枚木牍，是一封来自汉代的通缉令①，名为《甘露二年丞相御史书》。这份通缉令，在肩水金关和甲渠候官遗址都有出土，内容一致，可知这份诏书当时是由中央下达到了包括津关、候官烽燧在内的各个地区，可见追捕的力度之大。②

这份朝廷发往全国各地的通缉令，其主要内容是汉宣帝甘露二年（前52年）张掖郡地方执行朝廷通缉丽戎的情况。要说这个丽戎，也不是个大人物。但她前半生的经历，却与汉代几起重大的历史事件有着千丝万缕的联系。根据简文所录内容，丽戎，字中夫，与丈夫婴齐都曾是武帝太子刘据府中的奴隶。征和二年（前91年），发生了震惊天下的"巫蛊之祸"，婴齐作为太子刘据家的守门奴仆受牵连而死。为了生活，丽戎跟从其母（名"捐之"，字子文）以及其弟"偃"，一起隐姓埋名进入（武帝女儿）长公主的府邸为奴。后来，丽戎又嫁给了籍贯不明的男子"游"为妻。"游"以用牛车为官府运送粮食为生。到了始元二年（前86年），长公主的孙女成为河间国的王后，捐之随之去了河间国，丽戎和她丈夫"游"负责抚养长公主和她的男宠丁外人生下的男孙丁子沱。元凤元年（前80年），长公主与燕王谋反一事有关，长公主及其家眷都被处死，成为"绝户"。家中奴婢依律都被罚没入官府，但是丽戎、"游"夫妇逃亡了。经查，丽戎销了户籍，疑似变了姓名，远走他乡再次改嫁为人妻隐匿于乡间。至今，官府仍没有找到他们的踪迹，不知道她的死活。

---

① 邬文玲：《〈甘露二年御史书〉校读》，《中国古代法律文献研究》（第五辑），第46页。
② 李迎春：《金关汉简〈甘露二年丞相御史书〉政治史信息再探——兼论汉代贵族奴婢的政治参与》，《简牍学研究》，2019年第8辑。

据简文所记，丽戎再次被通缉的原因，是"大逆无道故广陵王胥御者惠同产弟、故长公主盖卿大婢外人"。简文中"御者"，"依据语言环境，仍当以亲近侍御女性的可能性为大"①，并不是常见的"驾马人"之意。"大逆无道"应该是对"故广陵王胥御者惠"而言的。当盖长公主被赐死、广陵王刘胥自杀后，"朝廷很快就结束了搜捕行动，并赦免了余党"，"惠"作为侍御应在赦免之列。因此，推测"惠"在广陵王刘胥自杀后又有其他犯罪行为，导致"同产弟"丽戎被追捕。据《汉书·景帝纪》如淳注曰"律，大逆无道，父母妻子同产皆弃市"，即一人犯大逆无道罪行，其父母、妻子、同产都要受此连坐。那么丽戎作为"惠"的同产女弟，依律当连坐。这也与简文"大逆，同产当坐重事"相印证。

故而，这次丽戎被通缉应与其本人、同产惠、河间王、广陵王、盖长公主的有关，是朝廷挖掘河间王、广陵王甚至盖长公主势力关系、治河间王狱的需要。②虽然丽戎的身份属于奴婢，不具有参与政治斗争的资格。但作为贵族的家奴，她身上具备的社会和政治能量又不容小觑。在波诡云谲的政治斗争中，正是这些贵族奴婢在"隐秘的角落"中奔走牵线、沟通往来，在一定程度上助长了汉帝国上层统治集团内部斗争的风云变幻。

随着《甘露二年丞相御史书》的出土，这段尘封的往事又走到历史的台前，若不是为了丽戎身上的政治信息，汉朝廷怎么会在全国范围内通缉这样一位50余岁的奴婢呢？不过，不论传世文献还是出土资料所载的各种谋反、大逆无道，不过是深渊表面的涟漪，更多的信息随着牵连者"皆弃市"的命运，早已销声匿迹。

---

① 李迎春：《金关汉简〈甘露二年丞相御史书〉政治史信息再探——兼论汉代贵族奴婢的政治参与》，《简牍学研究》，2019年第8辑。

② 李迎春：《金关汉简〈甘露二年丞相御史书〉政治史信息再探——兼论汉代贵族奴婢的政治参与》，《简牍学研究》，2019年第8辑。

二、通缉令的格式

丽戎逃亡30余年，虽然早已时过境迁，但汉廷对于牵涉"大逆无道"的人犯，只要案犯未捕得，"推迹未穷"时，官方便会发布通缉令，下达郡县和边关。

从《甘露二年丞相御史书》来看，通缉令的格式应包含三部分内容：

首先是逃亡罪犯的籍贯、姓名、容貌特征、逃亡方向。对容貌的记录可以细化到身形、肤色、发色、长相，甚至对性格也有相关记载，而且叙述了"初亡"（初逃）时的具体情况，可见其细致。如对丽戎的描述是："亡时年可廿三四岁，至今年可六十，所为人中壮、黄色、小头、黑发、隋（椭）面、拘颐、常戚（蹙）额如频（颦）状，身小长，诈慝少言。"

其次是犯罪事实及罪名。

最后是追捕方式及汇报程序，包括对缉捕官吏、缉拿时限的要求。如"写（移书）到，搜索部界中，毋有，以书言"，参与缉捕的官吏，需依法"搜索部界中"，并将搜捕结果以书面形式按时汇报上级。

由此可见，汉代的通缉令，已经结合了户籍信息、外貌特征等内容，加上古代交通不发达，逃亡者为了躲避追捕都是昼伏夜行，无法做到日行百里。因此，对于像丽戎一样的人而言，逃到其他诸侯国或者封臣的家里为奴仆或佣耕者，是常见的做法。

三、成功缉捕的秘诀

自从出现通缉令至今，"通缉令"的功用、名称基本没有什么变化。很多人或有疑问，在没有互联网与影像技术的古代，仅"画影图形"靠张贴罪犯画像真能成功追捕逃犯吗？当然，历史中有成功出逃的记录，比如过昭关的伍子胥。但不可否认，就缉拿在逃罪犯而言，通缉令在当时仍不失为一种先进的手段，因为通缉画像的弊端，被古代的治安治理制度完美规避了。

首先是将"捕亡"与户籍信息相结合。西汉百姓按什伍乡里划分相居，名列户籍。大体上十里一乡，乡有三老、有秩、啬夫、游徼。三老掌教化；有秩、啬夫主管调解民事纠纷，收赋税，征徭役；游徼主管巡察捕盗，维持治安。古代人口流动相对较低，乡里之间几乎全是熟人，以生人面孔出现的外逃罪犯，几乎无所遁形。邻里连坐之下，民众为求自保而自发监督与清查，又形成促使案犯被抓捕的民间动力。

其次是汉律对"捕"事的明确规范。张家山汉简《二年律令·捕律》共10条，通过规定罪名，设置相应刑罚，明确了对负有缉捕职责的官吏或差役的法律责任。如对于"群盗、盗贼发"，且已"告吏"的情况下，若"吏匿弗言其县廷，言之而留盈一日"，由于涉嫌故意迟延，意在放纵，客观上"以其故不得"罪犯，"皆以鞠狱故纵论之"。此外，对于"盗贼发"而不能发觉者，"三发以上，皆为不胜任"，可依律令免其官职。如此严刑峻法之下，一般官吏或差役，自然不敢怠慢缉捕罪犯。

最后是汉律中的购赏制度。常言："重赏之下，必有勇夫。"现今公安部的通缉令分为A、B两个等级，A级悬赏金不少于5万元且不封顶，B级悬赏金不少于1万元。其实，古今一理。自秦朝起，就有按所捕罪人的数目及罪行轻重进行奖励的做法，如睡虎地秦简《法律答问》载："捕亡完城旦，购几可（何）？当购二两。"①《二年律令·捕律》载："亡人、略妻、略卖人、强奸、伪写印者弃市罪一人，购金十两，刑城旦舂罪，购金四两，完城，购金二两。"购赏不仅鼓励民众积极告发，也调动民众抓捕逃犯的积极性，使得各朝各代都将此作为重要的通缉手段。综上，古代真实的通缉令弊端很多，时效性差，传播性差，早期没有画像，后期有画像以后也不是很像。但是"通缉令"的作用还是存在，因为搭配上古代的相应制度和赏钱，"通缉令"具备了巨大作用，会让"通缉令"上的罪犯举步维艰。

---

① 睡虎地秦墓竹简整理小组：《睡虎地秦墓竹简》，北京：文物出版社，1978年，第209页。

四、历史上有名的通缉令

早在春秋战国时期，我国已经出现了关津制度。关津除具有军事防御作用外，平日里主要用于控制人员往来、查验违禁物品、缉拿罪犯等，有关通缉犯的情况也会在关津张榜公布。[①] 说到历史上最有名的通缉令，那就不得不说"伍子胥过昭关"的故事。

相传，春秋战国时期，吴国名将伍子胥卷入一场政治斗争，他想到吴国借兵报仇，可在去往吴国的必经关口昭关，楚平王早已下悬挂了伍子胥的通缉画像。眼看无法出关，伍子胥寝不能寐，据说竟一夜白头。好友东皋公劝慰他说："足下不要过于忧虑。你须鬓变白，改了容貌，一时难于辨认，可以混过俗眼。"果不其然，把守的官兵见伍子胥发色、容貌不同于通缉令，竟让他乘机成功逃出昭关。后来，伍子胥做了吴国的宰相，"伍子胥过昭关"也成为家喻户晓的民间故事。

---

① 李均明：《汉简所反映的关津制度》，《历史研究》，2002年第3期，第29页。

第二节　汉塞逃亡人

文物简介

　　该简为汉代"捕亡"文书，出土于额济纳河流域汉边塞遗址 A10 瓦因托尼。木简一枚（出土编号 88·5），上下均有残断，残长 15.4 厘米，宽 1.1 厘米，厚 0.4 厘米。简身字迹清晰、书写较为规整。从简文内容看，该简记录的是一个家世不错的骑士在杀人后逃跑，并被官府通缉的案例。此简的发现，为研究汉代居延汉塞基层治理中的吏卒关系、戍守士卒逃亡原因等，提供了现实资料。现藏甘肃简牍博物馆。

简牍释文

　　居延骑士广都里李宗坐杀客子杨充，元凤四年，正月丁酉亡。

阅牍延伸

　　悠久灿烂的中华文化在很大程度上是农耕文化，土地不仅是人们生活、生产的基础，更是中华民族世世代代繁衍生息的依托。可以说，农耕文化对塑造中国古代的思想文化产生了深

图 8-2　汉代"捕亡"文书

远的影响。比如，中国传统文化中"安土重迁"的观念。对于传统社会的中国人而言，若非迫不得已，很难主动离开故土。但有一类人除外，那便是犯罪者。

根据传世文献记载，为了躲避处罚而逃亡者大有人在，其中最引人注目的要数西汉名领李陵。公元前99年，李陵率领五千步兵北击匈奴，不料遭遇匈奴单于的主力部队，经过激烈战斗最终因寡不敌众而投降。此外，还有卫律。他原本是汉朝的使者，活跃于汉武帝和汉昭帝时期。待他完成使命回到长安后，发现自己的靠山李延年失势。由于担心受到牵连，卫律决定逃亡匈奴，后来成了匈奴的重要谋士。

或许是因为逃亡者被视为脱离国家管制，不能为政权提供赋税和人力资源的不稳定因素，更有可能投奔敌国或者勾结内部叛乱者造反，所以秦汉王朝的统治者为了社会基层治理的便利，大多实行严格的人口管理措施，对于逃亡人口的惩罚十分严厉。以秦汉之世的《捕律》条文、津关制度等为例，秦汉时期对于官吏、戍卒和民人都给予了严格的出行管理。举凡离乡者，都需持有官府颁发的"符传"，即通关凭证才可离开故地。可即便政府如此严格管控，秦汉时期仍有大量的逃亡人存在。

常言道："族旺留原籍，家贫走他乡。"普通民众的流亡则是普通民人在没有犯罪的前提下，因为生活不易等各种原因而脱籍背井离乡。虽然"脱籍流亡"没有犯罪的前提，但因为该行为触犯了户籍管理的法规，仍然受到国家的严令禁止。此外，在出土的西北汉简中，还有大量汉塞罪人逃亡的记录。比如，居延简就记载了骑士李宗在杀人后逃亡的故事。

元凤四年（前77年）春正月，"（昭）帝加元服，见于高庙"，大汉子民迎来了他们新的"天子"昭帝刘弗陵。虽然，当时的人们没有上帝视角，无法预知大汉将迎来"百姓充实，四夷宾服"的"昭宣中兴"，但他们对于新帝登基仍然充满了信心，沉浸在对美好生活的祈愿中。可对于居延骑士李宗而言，他的心情却无比沉重。由于杀死了杨充，他不得不在万家团圆之时踏上逃亡之路。万荣曾指出："逃亡应包括两种，

第八章　遁地无门——河西汉塞的通缉与捕亡

一种是一般逃亡，包括吏民亡、城旦舂、隶臣妾等刑徒亡以及服役者亡，都是脱离本该居住或劳作之处。一种是戴罪逃亡，因犯罪事发逃亡，本罪、逃亡罪并犯。"① 骑士李宗应属于第二种情况。汉哀帝时，鲍宣曾在上书中指出："凡民有七亡，阴阳不和，水旱为灾，一亡也；县馆重责更赋租税，二亡也；贪吏并公，受取不已，三亡也；豪强大姓蚕食亡厌，四亡也；苛吏徭役，失农桑事，五亡也；部落鼓鸣，男女遮迣，六亡也；盗贼劫略，取民财物七亡也。……民有七亡而无一得，欲望国安，诚难……"据此可见，汉代各级官吏已意识到"逃亡"是国家面临的一个重大问题。在张家山247号汉墓出土的《奏谳书》中，就有多个案例记录了汉代的逃亡者。

总的来说，汉塞逃亡者的身份，大约有以下几种类型：一是严重的刑事犯罪，如居延简中的李宗，是"坐杀人"。二是严重危害封建国家集权统治的经济犯罪：如"伪铸盗钱"。居延新简载：甲渠言部吏毋铸钱发冢贩买衣物于都市者。不难发现，敢冒风险"私铸作钱"者，实际上主要是豪强大户和不法官吏指使的"宾客"和"民"进行。三是普通流亡的民众。《汉书》卷二十四《食货志》记载："有司条奏，诸侯列侯往后得名田国中，列侯在长安及公主名田县道，关内侯吏民名田，皆无得过三十顷，诸侯王奴婢二百人，列候公主百人，关内侯吏民三十人，年六十以上，十岁以下，不在数中。贾人皆不得名田为吏。犯者以律论，诸名田畜奴婢，过品皆没入县官。"所以，政府往往通过削弱诸侯和贵族的势力，限制其占有土地的数量和蓄奴人数，保障民人生产资料。

至于逃亡者的逃跑去向，从汉简记载来看他们大多数会选择匈奴境地而非内地。因为他们一旦逃亡内地，编户齐民体系就会运作起来，使得这些逃亡者有家不能回。比如居延汉简记载：马长吏即有吏卒民屯士亡者，具署郡县里名姓、年长、物色、所衣服贵操、初亡年月日、人数，白报与病已，谨案居延始元二年，戍田卒千五百人为马田官穿泾渠，乃正月己酉

---

① 万荣：秦汉简牍"自告""自出"再辨析——兼论"自诣""自首"，《江汉论坛》，2013年第8期。

淮阳郡。也就是当有人逃亡时，他们的信息便会传回郡县。地方政府要根据逃亡者最后现身时的形象准备通缉令，将他们捉拿归案。

根据西北汉简的记载，当时汉塞边地有大量逐捕逃亡者的文书，可见汉塞逃亡者普遍存在，所以汉书中留下了"边人奴婢愁苦，欲亡者多，曰闻匈奴中乐，无奈候望急何！然时有亡出塞者"这样的记载。《捕律》曰："亡入匈奴，外蛮夷，守弃亭鄣蓬隧者，不坚守降之，及从塞徼，外来降而贼杀之，皆要斩。妻子耐为司寇"。等待逃亡者亲人的只有严酷的惩罚。可即便如此，那些依然选择逃亡的人，或许只是别无选择的选择吧。

"悲歌可以当泣，追思念故乡。乱世人何处，草泽无边疆。虽欲归故里，安门无所望。"这是逃亡者的心声，也是他们无奈的写照。

第八章 遁地无门——河西汉塞的通缉与捕亡

第九章 保辜制度
——古代法律的人文关怀

第一节　汉代的保辜制度

文物简介

1974年出土于甲渠第四隧探方内。木简一枚（出土编号：EPS4T2：100），本简完整，长23厘米，宽1厘米，厚0.2厘米。正面隶书书写，墨色字迹清晰。该简为研究汉代的司法制度、保辜制度提供了重要的参考价值。现藏甘肃简牍博物馆。

简牍释文

以兵刃、索绳他物可以自杀者予囚，囚以自杀、杀人，若自伤、伤人，而以辜二旬中死，予者髡为城旦舂。及有

阅牍延伸

中国传统文化中的过错观，主要源于儒家的"改恶从善"思想。《左传·宣公二年》云："人谁无过？过而能改，善莫大焉。"在此观念影响下，律法的立法之意也在于引导人们"向善"，"刑罚"犹如高悬的达摩克利斯剑，在规定罚则的同时提供减免之法，从而使犯罪之人获得新生。具体来说，

图9-1　不得予囚兵刃、索绳他物简

减免之法中包括自首、保辜等制度。

一、何为保辜？

在传统时期的律典中，有许多制度蕴涵着丰富的东方哲学精义，保辜就是其中之一。粗略来说，保辜制度已有2000余年的历史，是中华法系在立法上原则性与灵活性的集中体现。《说文解字》中称："嫴，保任也，从女辜声。"《订正六书通》谓："嫴，保任也。音辜。律有保辜，当是此字。"然《正韵》无"嫴"字，但作"辜"，或可说明"嫴"通"辜"。

保辜，是中国传统刑律中为对殴伤等案件认定刑事责任而专门设定的律条。当被害人伤势未明时，给予加害者一定期限（即辜限），责令其为伤者积极治疗，待时限届满之日，根据被害人或伤、或亡的结果，对加害人认定以不同刑事责任。此处的殴伤，包括斗殴伤、谋杀已伤、故杀已伤、误伤、戏伤、过失伤等，即因窃盗及强盗、因强奸而伤等结果犯及结合犯之殴、伤、杀等，亦均适用。① 打个比方，张二娃看不惯邻居"高富帅"李四，便找机会把李四揍了一顿，结果李四受伤不轻，在伤后二十天内死了。那么，对张二娃的科罪就不再是伤害罪，而要加重为杀人罪了，这二十天就是法定保辜期。

《清律辑注》载："保，养也；辜，罪也。保辜，谓殴伤人未至死，当官立限以保之。保人之伤，正所以保己之罪也。"这种法律制度的要求，即加害人需对受害者采取积极的治疗措施，并以受害者的伤情趋于好转或康复作为减轻自身罪责的条件。② 雍正皇帝认为，法律对斗殴成伤的行为定有保辜之限，"所以重民命而慎刑罚也"。正是保辜制度所体现的这种人文关怀，以及立法上的原则性和灵活性，使其不仅在中国法律史上存续2000余年，而且影响了东亚广大地区的法律制度。

---

① 黄源盛：《从保辜到因果关系的承与变——以民国大理院及最高法院判例为中心》，《法治现代化研究》，2023年第2期。
② 郑显文：《从〈73TAM509：（1）（2）号残卷〉看唐代的保辜制度》（上），《中国法研究》[韩国]第5辑，2005年6月出版。

二、汉律中的保辜制度

由于缺少史料征验，已无从考证保辜制度起源于何时。从传世文献来看，至迟在秦汉之际，刑律中已明文规定了保辜制度。如《睡虎地秦墓竹简·法律答问》云："人奴妾笞（答）子，子以死，黥颜，畀主。"有学者认为此处的"以死"，理解为"以辜死"更准确。大意是指，私家奴婢笞打己子，因于辜限内死亡，应在头上和颧部刺墨，然后交还主人。[①]《急就篇》卷四载"疻痏保辜謕呼号"，颜师古注曰："殴人皮肤肿起曰疻，殴伤曰痏。保辜者，各随其状轻重，令殴者以日数保之，限内至死，则坐重辜也。"大意是，根据伤害情节的轻重，由官府立下期限，限满之日，根据被害者的伤情，决定应负科的刑罚。

汉律中的保辜制度，常见于传世典籍中。据《公羊传·襄公七年何休注》载："古者保辜，辜内当以弑君论之，辜外当以伤君论之。疏：其弑君论之者，其身枭首，其家执之；其伤君论之，其身斩首而已，罪不累家，汉律有其事。"《汉书·高惠高后文功臣表》载："元光五年，侯德嗣，四年，元朔三年，坐伤人二旬内死，弃市。"即单德伤害他人，依汉律，被害人在二十日内身死，以杀人罪论，故判以弃市之刑。

此外，出土简牍中亦多有关于保辜制度的记载。据居延新简记载："以兵刃索绳他物可以自杀者予囚，囚以自杀、伤人而以辜二旬而死，予者髡为城旦舂……"大意是指任何人若将兵器、绳索，以及其他可以用来杀伤人的器物给与囚犯，使其用来自杀、杀人，或自伤、伤人，若被伤者在保辜期限20天内因伤死亡，供给囚犯上述器物者应承担髡为城旦舂之刑。[②]又如，张家山汉墓竹简《二年律令·贼律》："斗伤人，而以伤辜二旬中死，

[①] 黄源盛：《从保辜到因果关系的承与变——以民国大理院及最高法院判例为中心》，《法治现代化研究》，2023年第2期。

[②] 高恒：《秦汉简牍中法制文书辑考》，北京：社会科学文献出版社，2008年，第152页。

为杀人。"①此两处简文中的"二旬",即辜限。学界亦据此推测,汉律关于"斗伤人"的行为,所定辜期可能为二旬,即二十日。简文"为杀人",即以杀人论罪。由此足见,在汉代,保辜制已有了。

当然,还有一个问题值得关注,那就是如何确定辜期?秦汉之际,辜限的长短是依据伤情和伤势轻重来确定的。秦朝通过"瞻伤""察伤""视折"等方式来确定辜限长短,辜期一经确定就不可更改。在保辜期内,如果加害方积极救治被害人,就会按照最终的伤情和救治的效果,考虑量刑。不过,如果被害人在辜期内发生死亡的结果,那就要加重处罚,此所谓"限内至死,则坐重辜也"。

相对而言,汉律有关辜期的规定还是较为"粗糙",至《唐律》则已经比较完善。据《唐律·斗讼律》保辜条规定:"诸保辜者,手足殴伤人,限十日;以他物殴伤人者,限二十日;以刃及汤火伤人者,三十日;折、跌肢体及破骨者,五十日。限内死者,各依杀人论;其在限外及虽在限内,以它故死者,各依本殴伤法。"可见,伤害越重,保辜期间越长。具体来说,加伤器物的危险性、伤害的严重程度都与辜限的长短成正比。②

三、对保辜制度的评价

作为古代中国解决纠纷的一种方式,保辜制度充分体现出儒家的非讼思想和古代朴素的罚当其罪的原则。

儒家向来提倡以和为贵、德主刑辅,解决纷争的方式更加温和。以保辜制度为例,当加害行为发生后,法律以被害人的受伤程度和加害人的救治程度,作为处罚标准。也就是说,保辜制度的目的,就是保护被害人的权益。如果,加害人主动救治,不仅能减轻对被害人人身造成的伤害,而且透射出加害人悔罪与否的态度。治疗的过程中,也会在一定程度上

---

① 荆州博物馆编,彭浩主编:《张家山汉墓竹简:三三六号墓》,北京:文物出版社,2022年,第167页。

② 黄源盛:《从保辜到因果关系的承与变——以民国大理院及最高法院判例为中心》,《法治现代化研究》,2023年第2期。

缓和双方的矛盾。当加害人积极补救、悔罪认错的行为得到被害人认可的时候，便会减少社会的诉讼量，从而减少社会的不安定因素。

可以说，保辜制度在司法实践中充分考虑加害人的悔罪表现，鼓励加害人对受害人积极救助的一种措施保辜制度最大的不足，就是把犯罪结果当作唯一的定罪标准，忽视了加害人的主观恶性，是一种重客观、轻主观的法制思想。此外，每个人体质的不同，必然会出现不同的结果，当辜期法定且伤害结果唯一时，便增加了追究责任的偶然性和不确定。

受近代欧陆刑法理论及刑事政策思潮的影响，在晚清变法修律时，存续了2000余年的保辜制度退出了传统中国的历史舞台。不过，其在1911年《钦定大清刑律》以及民国时期的司法实践中，已悄然转型，以"因果关系"的面貌再现。当我们用现代刑法理论检视保辜制度，虽然其有"客观归责"的不足，但不可否认，保辜制度是基于古人对法律的丰富感知和社会经验而产生的，体现了"以人为本，关注生命"的重要价值取向。该制度对于当前构建社会主义和谐社会，仍然具有重要的借鉴意义。

第二节　汉塞保辜制度的司法实践

文物简介

1979年出土于马圈湾烽燧遗址。出土编号：马·220。本简为王莽简，完整，长24.6厘米，宽1.1厘米，厚0.2厘米。书写规整，墨色字迹清晰。简文所言"五品不孙"语出《书》，"孙"通"逊"，"五品"颜师古注作"五品即五常，谓仁、义、礼、智、信"。因为是王莽简，简文中"典乐"可能是新莽时期的官职，西汉原称"大鸿胪"。现藏甘肃简牍博物馆。

简牍释文

尉大君以秉伤辜半日死，元夫、增等皆亡。大司空隆心公邑发觉，臣谨案五品不孙（逊），典乐、掌教大夫之通□

阅牍延伸

法律的生命力在于实施，法律的权威也在于实施。在汉代的日常生活中，法律是必不可少的一部分。而西北出土的大量简牍，正是汉王朝国家机器在汉塞实际运作的见证。虽然汉律对保辜制度有明确规定，并且分为"辜限内"与"辜限外"

图9-2　尉大君辜限内死亡狱案简册（其一）

两种情形，以判断伤害结果。但是，囿于古代的医疗水平，保辜制度在司法实践中以"辜限内死"为常态。在此，我们藉由本节简牍所记述的伤人案件，一探千年前汉塞边地保辜制度的实际样貌。

从文意看，此简涉及故意伤人、辜限内死、犯罪人逃亡等问题。简文中的"大司空隆心公邑"，即隆心公王邑。据《汉书·王莽传》：始建国元年正月，以"步兵将军、成都侯以大司空、隆心公"。所言"典乐掌教"，意即主持礼乐，掌管教化。经张俊民考证，推测此简应属一起狱案简册中的散简。① 与该案相关的，尚有四简，现一并摘录如下：

云阳□秉以妻急恶，故怨怼至邑，杀妻伤已死夜……□

尉大君以秉伤辜半日死，元夫、增等皆亡。大司空隆心公邑发觉，臣谨案五品不孙（逊），典乐、掌教大夫之通□

不往，大君使从者茂等往，将秉不肯往……使绳扼秉，秉以刃伤茂三所，大君从欲前

助茂，秉刃伤大君头一所，男庶人吉助茂缚秉，元夫与吉共撩杀秉，增使从兄撩杀秉子小男甶，斫杀秉妻

·右爰书

以上五简，大致记录了"秉"杀伤人以及被捕杀的经过。

由于该简册的残缺，我们无从得知案件全貌。仅据为"秉"所伤的"尉大君""辜半日死"，依汉律"秉"已死罪难逃。据张家山汉墓竹简《二年律令·贼律》："斗伤人，而以伤辜二旬中死，为杀人。"意即因斗伤人，伤者在保辜期20日内死亡的，按照杀人罪量刑。汉家天下，从来"杀人者死"，这也是捕杀"秉"的时候他激烈反抗的原因所在。

与此案相类的另一起狱案，虽仅有一枚残简，但简文所记，清晰反映了汉律中保辜之制的司法实际。如《居延新简》所记：

乃十□月壬申第三隧戍卒新平郡苦县奇里上造朱疑见第五隧戍卒同

---

① 张俊民：《马圈湾汉简整理与研究》，兰州：甘肃教育出版社，2023年，第41页。

郡县始都里皇□☑

袍所持铍即以疑所持胡桐木丈从后墨击意项三下以辜一旬内立死案疑贼杀人甲辰病心腹☑

该案以"贼杀人"立案追查的原因，在于"意"被击伤后，在"辜一旬内立死"。此简中的"丈"即"杖"，"墨"通"默"，为无声、偷偷摸摸的意思，"意"为人名。大意是，"意"被人偷袭，后颈部被击打三下，不料"意"在辜限内死亡，该案被司法官吏怀疑为故意杀人的行为。其实，单从行为来看，加害人偷袭的行为有伤害之嫌，并无故杀之心。就因为造成了被害人"意"在辜限内死亡的结果，所以依照汉律"斗伤人，而以伤辜二旬中死，为杀人"的规定，对加害人以"贼杀人"论罪处罚。

以上两简所记，恰是汉王朝保辜制度运行的缩影。两则案例的判定，所依据的正是死亡结果与"辜期"之间的关系。现代刑法理论中，就是加害人与受害人死亡之间的因果关系。也就是说，如果受害人因为加害人的伤害行为而死亡的，则加害人面临的是杀人罪的指控。当然了，如果受害人死亡的结果与加害人的伤害行为无关，或者在保辜期限之外死亡，那只能按故意伤害来给加害人定罪。

除此之外，汉塞还有大量"辜内死"的案例。如：

死罪屋阑游徼当禄里张彭祖以胡刀自贼刺颈各一所以辜立死

元康二年三月甲午械属国各在破胡受卢水男子翁□当告

至于辜限外死亡的情形，汉塞并不常见。不过，要说最具影响力的，那要数发生在唐穆宗时的"曲元衡杖杀柏公成母案"。

据《旧唐书·裴潾传》载，唐穆宗登基帝位时，裴潾任刑部郎中，时长安城中兵部仓曹曲元衡与平民百姓柏公成发生了纠纷，在双方扭打之时，柏公成之母情急上前拉劝，不料被曲元衡一棍子打伤。事后，柏母在保辜期外死亡，柏公成接受了曲元衡的财物私和，并未向官府报告其母亲被人打伤而死之事。随后事情败露，审理本案的官员认为柏母死于伤害罪的保辜期之外，曲元衡不应以杀人罪论罪。又以曲元衡父亲曾为朝廷官员为由，判决他可以钱赎罪。裴潾认为如此判决不妥，最终曲元衡以"斗殴罪"被判处杖六十、流配一千里；柏公成借母之死获利，是大不孝，依律处死。

在这个案例中，由于柏母的死亡发生在保辜期之外，依《唐律》认定其死亡与曲元衡之间没有因果关系。而曲元衡在保辜期内为柏母请医救助的行为，按《斗讼律》之规定，可以减一等处罚，因此最终由流三千里减为一千里。至于柏公成的行为，则属于"不孝"，是"十恶"重罪的范畴。《唐律》称："五刑之中，十恶尤切，亏损名教，毁烈冠冕，特标篇首，以为明诫。"对其判处死刑，追根究底，则是源自儒家孝道思想和维护封建宗法制的需要。

肇自《汉律》的保辜制度，经过长期的司法实践，逐渐完备起来。从行为人的角度来说，对伤情认定区分辜限内和辜限外，具有一定的科学性和准确性。至《唐律》，在《斗讼》篇中对保辜制度的规定，可谓集大成者。降及清末，在变法修律时"保辜"制度退出了历史舞台，以"因果关系"的面貌再现于刑律之中。但作为古代刑律对人身伤害案件设立的一项特有制度，保辜制度自有其优点。仅以"被害救治"而言，引导加害人对被害人进行延医调治，将人身伤害与责任挽救相结合，以补救行为弥合被破坏的社会关系，对当下和谐社会建设、刑法加害人义务之完善，仍有一定可兹借鉴之处。

第十章
录囚与乞鞫
——平冤狱纠错案

第一节　刺史录囚忙

文物简介

1990年出土于敦煌悬泉置遗址，木觚一枚（出土编号Ⅰ90DXT0114①：117），长23.5厘米，宽1.2厘米，厚1.2厘米。上下残断，字迹漫漶、墨痕过淡、残泐过甚，部分文字不易辨认。从已释文字看，该简是阳朔元年督邮史下行的文书，要求"县置"在"刺史行部时"应该注意哪方面的问题。诸如"廷上"是否整洁，墙面是否光洁，恩泽诏书是否完好。

简牍释文

　　阳朔元年六月乙未，督邮史章移县置：刺史行部，录囚徒，宜居廷上，廷上不恶涂恩泽诏书　　（觚）　A

　　□□□□□□□处令泽好豫诸善墨绛□白□□辛巳诏　B

B　　　　　A
图10-1　阳朔元年刺史行部简

阅读延伸

对公平、正义的追求，古今一也。在中国传统法律制度中，为了防范司法官枉法裁判、屈打成招，统治者创制了行之有效的冤错案件救济机制。总体而言，大致可以分为自下而上和自上而下两条脉络。自下而上的方式，最常见的如扣阙，由百姓亲自去朝廷诉冤，所谓"扣阙鸣冤"。那么，何为录囚呢？

录囚，是我国古代一种自上而下主动对司法非法侵害的公权救济制度，由皇帝或者上级官吏直接审讯案犯，目的在于平反冤狱、纠正错案、督办久系未决案。概言之，录囚主要是通过纠正冤案和督办滞案，从而有效维护、巩固封建法治秩序。根据现有史料的记载，早在先秦时期，录囚之制的雏形便已出现。《礼记·月令》云："仲春之月……命有司，省囹圄，去桎梏，毋肆掠，止狱讼。"

不过，录囚成为确定的司法制度，则始于西汉，盛行于东汉。据《汉官解诂》引《续汉志补注》载"京兆尹隽不疑，每行县录囚徒，不疑多有所平反"，"县邑囚徒，皆阅录视，参考辞状，实其情伪，有侵冤者即时评理"；《汉书·何武传》载，武为扬州刺史，每"行部录囚徒"；《后汉书·百官志》载"诸州常以八月巡行所部郡国，录囚徒"。由此可见，关于录囚的时间、方式和管辖范围等内容，在汉代已有详细的规定。

一、录囚时间

自武帝始，汉王朝的各项统治措施都深深烙上了儒家思想的印痕，法律也不例外。在司法领域，形成了"春秋决狱""秋冬行刑"的原则。受此影响，汉王朝在每年秋季录囚，成为定制。如前引《后汉书》明确记载："以八月巡行所部郡国，录囚徒。"这一规定，在出土简牍中得到了佐证。

据悬泉汉简记载："六月乙未，督邮史章移县置：刺史行部，录囚徒。"这里有必要对"督邮史"略做说明。学界对督邮的研究成果颇多，比较一致的看法是：郡下分部，各郡不一，多者五部，少者二部，每部设一督邮。督邮的职责：一是督察，包括县政、辖区内的豪右；二是督运邮书；三是奉诏捕系、追案盗贼、录送囚犯、催租点兵、询核情实之类。"督邮史"，则是在督邮手下负责文书的小吏。侯旭东认为，督邮史居于郡长吏与县、置之间，起上承下达的作用，起草文书应是其具体职责。① 从此简可以看出，成帝阳朔元年（前24年），"督邮史章"录囚的时间，为"六月乙未"，即前24年7月24日。这与传世文献所记的"八月巡行"，时间非常接近。

二、录囚方式

就录囚的方式而言，汉代录囚有皇帝录囚、刺史录囚、郡守录囚。其中，郡守录囚在汉初就已实行，刺史录囚，则始于汉武帝时。

为适应中央集权政治需要，武帝废除御史、丞相史监郡之制，于元封五年（前106年），在全国置十三部州，每州派刺史一人。十三州刺史上受中央御史中丞直接管辖，下分别监察十三州。② 按规定，刺史于每年秋冬季节到郡国巡察，即所谓"行部"，主要任务便是"省察治状""断理冤狱"。从简文"阳朔元年"可知，该简为西汉成帝年间刺史行部的实例。

汉代皇帝亲临断狱，录囚徒，举冤狱，见于记载的始于汉明帝。不过，西汉宣帝在"宣室决事"是其滥觞。《汉书·刑法志》云："时上常幸宣室，斋居而决事，刑狱号为平矣。"虽然宣帝"宣室决狱"，史书未称之为录囚，但就本质而言，与录囚无异。至于汉明帝亲录囚徒之事，见于《晋

---

① 侯旭东：《长沙东牌楼东汉简〈光和六年诤田自相和从书〉考释》，收入黎明钊主编《汉帝国的制度与社会秩序》，牛津：牛津大学出版社，2012年，第247-275页。

② 安作璋、熊铁基：《秦汉官制史稿》，济南：齐鲁书社，2007年，第二编，第19页。

书·刑法志》。公元70年，汉光武帝刘秀之子楚王英因谋逆罪被废自杀，由此数千人入狱。侍御史寒朗发现其中许多人实为被诬下狱，便上书明帝。为此，明帝赴洛阳诸监狱，亲录囚徒、监督审查，最终释放无辜者达千人。

三、录囚管辖

汉朝的录囚管辖，分为地方管辖和中央管辖。地方管辖，是指州政府负责对本州下属的郡、县的监狱、狱案进行的监督检查，主要有郡守录囚和刺史录囚。

中央管辖是指中央政府负责对全国的监狱、狱案进行监督检查，包括皇帝录囚和使者巡行两种。对皇帝录囚，前文已做说明，此不赘述。至于使者巡行，则始于汉文帝，终于西汉末年，实质上是一种错案发现及纠正的特别机制。① 为何说其为"特别机制"呢？主要在于，使者巡行并不是常设之制，只有发生天象异变时，皇帝才会派遣使者巡行天下。如《汉书·宣帝纪》载："皇天见异，以戒朕躬，是朕之不逮，吏之不称也。以前使使者问民所疾苦，复遣丞相、御史掾二十四人循行天下，举冤狱，察擅为苛禁深刻不改者。"此处的"皇天见异"，其实为日食现象。由此，亦可看出使者巡行的随意性和不确定性。

总而言之，录囚作为中国古代监狱史和司法制度史上的重要制度，有汉一代，通过皇帝、刺史及郡守的录囚活动，使一些冤假错案得以昭雪，有利于提高地方司法官明法慎刑的自觉性，有助于司法公正的实现，对后世司法实践产生了积极的影响。至唐朝，录囚又称"虑囚"，成为定制，正式入律。降及明清，录囚之制逐渐退出了司法舞台，以朝审、热审的形式再现着传统法律文化对天道中平、慎重刑罚的追求。

---

① 黄春燕：《古代错案救济机制的考证与现代意蕴——以降低"偶然性"和提高"实效性"为导向的制度构建》，《法学杂志》，2020年第8期。

第二节　乞鞫路漫长

文物简介

1973年出土于额济纳河流域。木简一枚（出土编号：73EJT37∶161），下残，长9.9厘米，宽1.8厘米，厚0.3厘米。墨色、字迹清晰，但残泐以致释文未能辨全。简文所录文字，表明汉代游徼的职责之一是押送乞鞫的囚徒。本简的出土，对研究汉代司法制度、乞鞫程序均有重要价值。现藏甘肃简牍博物馆。

简牍释文

建平三年十一月戊申朔乙亥居延令疆游徼
徐宣送乞鞫囚禄福狱当☐
居令延印☐☐

阅牍延伸

一、乞鞫路漫长

"乞"，讨求；"鞫"，审讯，引申为查问之意。"乞鞫"指司法审判上允许被判决的犯人或其亲属，在一定期限内申请复审或上告的制度。秦朝始制，汉代袭之。

图10-2　汉代囚徒乞鞫简

关于乞鞫制度，出土资料与传世文献均有所载，不过，张家山336号汉墓《具律》的规定更为详细。据《具律》载：

> 罪人狱已决，自以罪不当，欲气（乞）鞫者，许之。气（乞）鞫不审，驾（加）罪一等；其欲复气（乞）鞫，当刑者，刑乃听之。死罪不得自气（乞）鞫，其父、母、兄、姊、弟、夫、妻、子欲为气（乞）鞫，许之。其不审，黥为城旦舂。年未盈十岁为气（乞）鞫，勿听。狱已决盈一岁，不得气（乞）鞫。气（乞）鞫者各辞在所县道官，县道官令、长、丞谨听，书其气（乞）鞫，上狱属所二千石官，二千石官令都吏覆之。都吏所覆治，廷及郡各移旁近郡，御史、丞相所覆治移廷。①

这段简文，对汉代乞鞫成立的前提条件、主体、提起的期限等，做了非常详尽的规定，所以学界对此多有讨论。只是，对于简文"覆治"的理解及覆治后的程序如何，尚存有争议。在此，我们结合本节所引简牍，就学界达成共识部分说明如下，以便透彻了解汉代的乞鞫制度。

（一）乞鞫的前提

汉律有"有故乞鞫"的规定，即当事人不得无故乞鞫。从简文"自以罪不当"可知，当事人自认为已经做出的判决不当，这是行为人提起乞鞫的前提条件，也是古今普通的引发上诉制度的主观心理状态。由此来看，"囚禄福"不顾路途艰辛、雨淋日炙，由"游徼徐宣"一路解送前去乞鞫，自有其坚持的道理。

（二）乞鞫的主体

"主体"，即有资格申请或代为申请乞鞫的人。根据汉律的规定有两类：一为被判处刑罚的罪犯，其可以"自乞"，但"死罪不得自气（乞）鞫"，即被判死罪的犯人不得自己上诉（乞鞫）；二为犯罪人的亲属，简文"其父、母、兄、姊、弟、夫、妻、子欲为气（乞）鞫，许之"。可见，

---

① 荆州博物馆编，彭浩主编：《张家山汉墓竹简：三三六号墓》，北京：文物出版社，2022年，第181页。

对于不能自请乞鞫的死罪人犯，其父母、兄弟、姊妹、配偶、子女等直系亲属代为乞鞫的，依律允许。例如，在《汉书·赵广汉传》中记载了一则由亲属代为乞鞫的案件："广汉使长安丞案贤，尉史禹故劾贤为骑士屯霸上，不诣屯所，乏军兴。贤父上书讼罪，告广汉，事下有司覆治。禹坐要斩，请逮捕广汉。有诏即讯，辞服，会赦，贬秩一等。"此案中，苏贤被诬"乏军兴"，其父"上书讼罪"，提出复审请求，上级官吏重新审理该案。最终，赵广汉获罪，后恰遇大赦，被降一级俸禄。当然，从简文"乞鞫囚禄福"来判断，因徒禄福能自请乞鞫，那么，他所犯之罪，罪不至死。

（三）乞鞫的限制

汉律对乞鞫的限制，主要体现在三个方面：

一是年龄。未满十岁之人申请乞鞫的，"勿听"。

二是时限。根据《具律》规定，"狱已决盈一岁"，即狱案审结已满一年的，"不得乞鞫"。不过，早在《周礼·秋官·朝士》中，已有关于听审期限的记载："凡士之治有期日：国中一旬，郊二旬，野三旬，都三月，邦国期。期内之治听，期外不听。"《十三经注疏》注引郑司农云："谓在期内者听，期外者不听，若今时徒论决满三月，不得乞鞫。"即结案后超过三个月就不得请求重审。这一思想为秦朝继承，《睡虎地秦墓竹简·法律答问》"以乞鞫及为人乞鞫"条："论决满三月不乞鞫。"

三是"不审"。为了减少诉讼的耗费与拖累，汉律还对乞鞫"不审"的行为，加以处罚。依律，若犯罪人请求复审的诉讼理由不成立，则对其"驾（加）罪一等"；如果是亲属提出复审的理由不成立，则会被"黥为城旦舂"。如《岳麓书院藏秦简·为狱等状四种》中，记载了"得之强与弃妻奸案"和"田与市和奸案"两个乞鞫案。得与田都因乞鞫不审而被加罪一等，即"系城旦舂六岁"。

（四）乞鞫的受理

汉律对乞鞫的受理主体及程序做了明确规定。依律，乞鞫应首先向县、道机关提交申请，县、道官令、长、丞听其陈述并记录，将狱案上呈其所辖的郡守（二千石官），"二千石官令都吏覆之"，即由二千石官将案件交给都吏负责再审。都吏对案件进行复审之后，廷尉和郡以文书的形式将审判结果送到附近的郡；御史、丞相复审的案件，其结果以文书的形式送达廷尉。也就是，无论乞鞫的囚徒身处何地，当他决定乞鞫的时候，先要行至县廷申请，待都吏审核同意乞鞫申请后，由游徼解送到郡守治所，再次审理该狱案。这也是汉塞"乞鞫路漫长"的原因。由于简文的缺失，我们无从得知囚徒禄福是否沉冤得雪，是否成为庶人回归故里，家人团聚。但想来结局不太会圆满美好，想想"禄福"可能遭受的肉体和精神的双重折磨，他的家人因连坐发卖以后可能遭遇的痛苦，还是不胜唏嘘。①

观今宜鉴古，无古不成今。可以看出，汉代在承继秦代乞鞫制度的基础上，又进一步对其进行了完善。从制度本身而言，乞鞫之制对减少冤错案件、缓和阶级矛盾，确实起到了一定的积极作用。汉代国祚长久，与民休息，一度兴盛，与此有益的司法监督制度不无关系。不过，降及东汉末期，国事混乱，动荡不安，乞鞫制度名存实亡。正如《潜夫论·述赦》所言："奸猾之党……令主上妄行刑辟，高至死徒，下乃论免，而被冤之家，乃甫当乞鞫告故以信直，亦无益于死亡矣。"从精神内核来说，乞鞫制度是统治者"恤刑慎罚"刑事政策的直接体现，是"仁政"思想在司法领域的重要措施，是一笔珍贵的法律文化历史遗产。

---

① 宋磊：《秦汉律中的"失刑罪"》，《古代文明》，2021年第4期，第9页。

图片来源

第二章　盗律

图1-1：甘肃简牍博物馆提供

图1-2：甘肃简牍博物馆提供

图1-3：甘肃简牍博物馆提供

图1-4：甘肃简牍博物馆提供

图1-5：甘肃简牍博物馆提供

第二章　盗律

图2-1：引自国际敦煌项目网站

图2-2：甘肃简牍博物馆提供

图2-3：甘肃简牍博物馆提供

图2-4：甘肃简牍博物馆提供

第三章　囚律、捕律、亡律

图3-1：甘肃简牍博物馆等编《悬泉汉简（壹）》

图3-2：引自国际敦煌项目网站

图3-3：引自国际敦煌项目网站

第四章　杂律、具律

图4-1：甘肃简牍博物馆提供

图4-2：甘肃简牍博物馆提供

第五章　户律、兴律、厩律

图 5-1：甘肃简牍博物馆提供

图 5-2：引自国际敦煌项目网站

图 5-3：甘肃简牍博物馆提供

图 5-4：引自国际敦煌项目网站

第六章　它如爰书——来自汉塞的公证文书

图 6-1：甘肃简牍博物馆提供

图 6-2：甘肃简牍博物馆提供

图 6-3：甘肃简牍博物馆提供

图 6-4：甘肃省博物馆 刘丹摄

图 6-5：甘肃简牍博物馆提供

图 6-6：甘肃简牍博物馆提供

第七章　一朝之忿——边塞吏民的殴詈与凶杀

图 7-1：甘肃简牍博物馆提供

图 7-2：河北安平县逯家庄东汉墓壁画所见"靳幡"局部

图 7-3：甘肃简牍博物馆提供

第八章　遁地无门——河西汉塞的通缉与捕亡

图 8-1：甘肃简牍博物馆提供

图 8-2：甘肃简牍博物馆提供

第九章　保辜制度——古代法律的人文关怀

图 9-1：甘肃简牍博物馆提供

图 9-2：引自国际敦煌项目网站

第十章 录囚与乞鞫——平冤狱纠错案

图 10-1：甘肃简牍博物馆提供

图 10-2：甘肃简牍博物馆提供

参考文献

一、史书

[1] 司马迁：《史记》，北京：中华书局，1963 年。

[2] 班固：《汉书》，北京：中华书局，1964 年。

[3] 范晔：《后汉书》，北京：中华书局，1973 年。

[4] 房玄龄等：《晋书》，北京：中华书局，1974 年。

[5] 王世舜译注：《尚书》，北京：中华书局，2023 年。

[6] 长孙无忌等，岳纯之点校：《唐律疏议》，上海：上海古籍出版社，2013 年。

二、资料

[1] 甘肃省文物考古研究所编：《敦煌汉简》，北京：中华书局，1991 年。

[2] 甘肃简牍博物馆等编：《悬泉汉简（壹）》，上海：中西书局，2019 年。

[3] 甘肃简牍博物馆等编：《悬泉汉简（贰）》，上海：中西书局，2020 年。

[4] 睡虎地秦墓竹简整理小组：《睡虎地秦墓竹简》，北京：文物出版社，1978 年。

[5] 甘肃简牍保护研究中心等编：《肩水金关汉简》，上海：中西书局，2012 年版。

[6] 李迎春：《居延新简集释（三）》，兰州：甘肃文化出版社，2016 年。

[7] 杨眉：《居延新简集释（二）》，兰州：甘肃文化出版社，2016 年。

[8] 张德芳、韩华：《居延新简集释（第六册）》，兰州：甘肃文化出版社，2016 年。

[9] 张德芳、石明秀主编，敦煌市博物馆、甘肃简牍博物馆、陕西师范大学人文社会科学高等研究院编：《玉门关汉简》，上海：中西书局，2019 年。

[10] 刘俊文：《唐律疏议笺解》，北京：中华书局，1996 年。

[11] 马怡、张荣强：《居延新简释校》，天津：天津古籍出版社，2013 年。

[12] 武汉大学简帛研究中心等：《二年律令与奏谳书》，上海，上海古籍出版社，2007 年。

[13] 谢桂华、李均明、朱国炤：《居延汉简释文合校》，北京：文物出版社，1987 年。

[14] 薛英群、何双全、李永良：《居延新简释粹》，兰州：兰州大学出版社，1988 年。

[15] 中国社会科学院考古研究所编：《居延汉简甲乙编》，北京：中华书局，1980 年。

[16] 甘肃简牍保护研究中心、甘肃省文物考古研究所、甘肃省博物馆、中国文化遗产研究院古文献研究室、中国社会科学院简帛研究中心编：《肩水金关汉简》，上海：中西书局，2011 年。

[17] 荆州博物馆编，彭浩主编：《张家山汉墓竹简：三三六号墓》，北京：文物出版社，2022 年。

[18] 李振宏、孙英民：《居延汉简人名编年》，北京：中国社会科学出版社，1997 年。

三、专著

[1] 安作璋、熊铁基：《秦汉官制史稿》，济南：齐鲁书社，2007 年。

[2] 曹旅宁：《张家山汉律研究》，北京：中华书局，2005 年。

[3] 曹旅宁：《秦律新探》，北京：中国社会科学出版社，2002 年。

[4] 程树德：《九朝律考》，北京：商务印书馆，2010 年。

[5] 陈中龙：《秦汉爰书研究》，新北：花木兰文化出版社，2011 年。

[6] [日] 大庭脩著，徐世虹等译：《秦汉法制史研究》，上海：中西书局，2017 年。

[7] [日] 冨谷至著，柴生芳等译：《秦汉刑罚制度研究》，桂林：广西师范大学出版社，2006 年。

[8] 高恒：《秦汉简牍中法制文书辑考》，北京：社会科学文献出版社，2008年。

[9] 何勤华：《律学考》，北京：商务印书馆，2004年。

[10] 郝树声、张德芳：《悬泉汉简研究》，兰州：甘肃文化出版社，2008年。

[11] 李均明：《居延汉简编年——居延编》，台北：新文丰出版社，2004年。

[12] 李均明：《秦汉简牍文书分类辑解》，北京：文物出版社，2009年。

[13] 李均明：《简牍法制论稿》，桂林：广西师范大学出版社，2011年。

[14] 李均明、刘军主编：《汉代屯戍遗简法律志》，北京：科学出版社，1994年。

[15] 李学勤：《简帛佚籍与学术史》，南昌：江西教育出版社，2001年。

[16] 罗鸿瑛：《简牍文书法制研究》，香港：华夏文化艺术出版社，2001年。

[17] 龙大轩主编：《中国法律史》，北京：法律出版社，2020年。

[18] 李明晓、赵久湘：《散见战国秦汉简帛法律文献整理与研究》，重庆：西南大学出版社，2011年。

[19] [日]仁井田陞：《中国法制史》，上海：上海古籍出版社，2018年。

[20] 沈家本：《历代刑法考》，北京：中华书局，1985年。

[21] 徐世虹主编：《沈家本全集》，北京：中国政法大学出版社，2008年。

[22] 刑义田：《地不爱宝：汉代的简牍——秦汉史论著系列》，北京：中华书局，2011年。

[23] 于豪亮：《居延汉简释丛》，北京：中华书局，1985年。

[24] 张伯元：《出土法律文献研究》，北京：商务印书馆，2005年。

[25] 张晋藩：《中国法制史》，北京：中国政法大学出版社，1999年。

[26] 朱红林：《张家山汉简〈二年律令〉集释》，北京：社会科学文献出版社，2005年。

[27] 张俊民：《悬泉汉简：社会与制度》，兰州：甘肃文化出版社，2021年版。

[28] 张俊民：《马圈湾汉简整理与研究》，兰州：甘肃教育出版社，2023年。

[29] 张功：《秦汉逃亡犯罪研究》，武汉：湖北人民出版社，2006 年。

[30] 张琮军：《明谨庶狱：秦汉刑事证据文明的开启》，北京：中国政法大学出版社，2021 年。

四、论文

[1] 安忠义：《从汉简等资料看汉代的食品加工技术》，《鲁东大学学报（哲学社会科学版）》，2006 年 9 月，第 23 卷第 3 期。

[2] 陈伟：《简牍再现秦至西汉早期的律典》，《光明日报》，2022 年 12 月 11 日第 5 版。

[3] 大庭脩、马小红：《律令法系的演变与秦汉法典》，《中外法学》，1990 年第 1 期。

[4] 戴卫红：《东汉简牍所见亭长及基层社会治安》，《中国社会科学报》，2019 年 03 月 14 日。

[5] 黄源盛：《从保辜到因果关系的承与变——以民国大理院及最高法院判例为中心》，《法治现代化研究》，2023 年第 2 期。

[6] 黄海：《"醴阳令恢盗县官米"案与汉代的官员监守自盗犯罪》，《法律适用》，2020 年第 24 期。

[7] 黄春燕：《古代错案救济机制的考证与现代意蕴——以降低"偶然性"和提高"实效性"为导向的制度构建》，《法学杂志》，2020 年第 8 期。

[8] 李均明：《张家山汉简所见规范人口管理的法律》，《政法论坛》，2002 年第 5 期。

[9] 李均明：《汉简所反映的关津制度》，《历史研究》，2002 年第 3 期。

[10] 李迎春：《汉代的"故吏"》，《历史教学》，2008 年第 18 期。

[11] 刘晓林：《秦汉律与唐律杀人罪立法比较——从贼杀到故杀》，《苏州大学学报：法学版》，2015 年第 20151 期。

[12] 鲁西奇：《汉代乡里制度的几个问题》，《云南大学学报（社会科学版）》，2018 年第 6 期。

[13] 刘庆：《秦汉告、劾制度辨析》，《中国史研究》2016年第4期
[14] 马智全：《汉代敦煌郡库与西域戍卒兵物管理》，载《敦煌研究》2020年第1期。
[15] 邱唐：《遗嘱继承的古今之变》，《检察日报》，2022年1月19日。
[16] 任亚爱：《〈囚律〉篇存亡考》，《法制博览》，2018年12月（上）。
[17] 孙文博：《秦汉"军兴"、〈兴律〉考辨》，《南都学刊（人文社会科学学报）》，2015年3月第2期。
[18] 孙力：《唐律》窃盗罪初探，《甘肃政法学院学报》，1988年第4期。
[19] 宋磊：《秦汉律中的"失刑罪"》，《古代文明》，2021年第4期。
[20] 王子今：《汉简与河西社会交往史新识》，《中国社会科学》，2021年第1期。
[21] 王吴军：《汉朝的监狱》，《检察日报》，2018年6月1日。
[22] 徐世虹：《秦汉律中的职务犯罪——以"公罪"为考察对象》，《政法论坛》，2014年第6期。
[23] 徐世虹：《居延新简汉律佚文考》，《政法论坛》，1992年第3期。
[24] 肖从礼：《评〈由汉简"方"与"幡"看汉代边卒的文化学习〉一文——兼与陈晓鸣先生商榷》，《甘肃社会科学》，2006年第6期。
[25] 徐元邦、曹延尊：《居延新出土的甘露二年"诏所逐验"简考释》，《考古与文物》1980年第3期。
[26] 于洪涛：《论敦煌悬泉汉简中的"厩令"》，《华东政法大学学报》，2015年第4期。
[27] 郑显文：《从〈73TAM509：（1）（2）号残卷〉看唐代的保辜制度》（上），《中国法研究》[韩国]第5辑，2005年。
[28] 朱腾：《唐以前盗罪之变迁研究》，《法学研究》，2022年第1期。
[29] 朱腾：《唐以前盗罪之变迁研究》，《法学研究》，2022年第1期。
[30] 张传玺：《汉"苛人受钱"及其法律规制试探》，《四川大学学报（哲学社会科学版）》，2022年第2期。

[31] 张德芳:《从出土汉简看汉王朝对丝绸之路的开拓与经营》,《中国社会科学》,2021 年第 1 期。

[32] 张建国:《汉简〈奏谳书〉和秦汉刑事诉讼程序初探》,《中外法学》,1997 年第 2 期。

[33] 张建伟:《法官错案责任的抚今追昔》,《人民法院报》,2014 年 1 月 24 日。

五、析出文献

[1] 初师宾:《汉边塞守御器备考略》,《汉简研究文集》,兰州:甘肃人民出版社,1984 年。

[2] 高恒:《汉简中所见汉律论考》,《简帛研究(第二辑)》,北京:法律出版社,1996 年。

[3] 侯旭东:《汉代律令与传舍管理》,《简帛研究(2007)》,桂林:广西师范大学出版社,2010 年。

[4] 侯旭东:《长沙东牌楼东汉简〈光和六年诤田自相和从书〉考释》,收入黎明钊主编《汉帝国的制度与社会秩序》,香港:牛津大学出版社(中国有限公司),2012 年。

[5] 刘欣宁:《秦汉诉讼中的言辞与书面证据》,收入李宗焜主编《古文字与古代史》(第五辑),台北"中央研究院历史语言研究所",2017 年。

[6] 李迎春:《金关汉简〈甘露二年丞相御史书〉政治史信息再探——兼论汉代贵族奴婢的政治参与》,《简牍学研究》第八辑,兰州:甘肃人民出版社,2019 年。

[7] 森鹿三撰,姜镇庆译:《论居延简所见的马》,载中国社科院历史研究所编《简牍研究译丛》第 1 辑,北京:中国社会科学出版社,1983 年。

[8] 唐俊峰:《甲渠候官第 68 探方出土劾状简册的复原与研究》,《简牍学研究》(第五辑),兰州:甘肃人民出版社,2014 年

[9] 邬文玲：《〈甘露二年御史书〉校读》，《中国古代法律文献研究》（第五辑），北京：社会科学文献出版社，第46页。

[10] 肖从礼：《西北汉简所见骆驼资料辑考》，载《出土文献综合研究集刊》第六辑，成都：巴蜀书社，2017年。

[11] 张伯元：《汉律撷遗与二年律令比勘记》，沈家本与中国法律文化国际学术研讨会论文。

[12] 张娜：《读〈汉律考〉札记九则》，王沛主编：《出土文献与法律史研究》第4辑，上海：上海人民出版社，2015年。

六、学位论文

[1] 王旺祥：《西北出土汉简中汉代律令佚文分类整理研究》，西北师范大学2009年博士学位论文。

[2] 刘欣欣：《秦汉〈亡律〉分类集释》，湖南大学2017年硕士学位论文。

[3] 宋微：《试论秦汉"群盗"》，2010年东北师范大学硕士学位论文。

七、简帛网论文

[1] 张俊民：《敦煌市博物馆藏悬泉置汉简释文献疑》，简帛网2021年6月11日，http：//www.bsm.org.cn/？hanjian/8404.html。

[2] 张俊民：《悬泉置汉简释文校读八》，简帛网2022年2月21日，http：//www.bsm.org.cn/？hanjian/8636.html。

[3] 郭家鹏：《长沙尚德街东汉简牍》校读札记二则，载简帛网2021年11月15日，http：//www.bsm.org.cn/？hanjian/8482.html。

[4] 雷倩：《肩水金关汉简73EJT21：59简文蠡测》，简帛网2022年7月11日，http：//www.bsm.org.cn/？hanjian/8740.html。

后 记

本书为"'简'述中国"系列丛书之一，主要是以甘肃简牍博物馆藏汉简为主要介绍对象，通过挖掘简牍释文和文物背后的故事，以生动有趣的形式让读者对汉代边塞戍卒的法律生活有全方位的了解。期望通过本书的介绍，能够让藏在"深闺"中的甘肃简牍真正走向大众。

雷倩承担了书中相关章节 10 余万字的撰写工作。甘肃简牍博物馆的助理馆员程卓宁拍摄了 20 多枚馆藏简牍照片用于本书配图。在书稿的撰写过程中，科技保护部的副研究馆员常燕娜、馆员高泽、助理馆员杨升协助查询简号，为拍摄简牍做了大量琐碎但很重要的基础工作。

整理研究部肖从礼记